CLV

Alicia Stricker

Aids und ein Leben wie ein Traum

clv
Christliche
Literatur-Verbreitung e.V.
Postfach 11 01 35 · 33661 Bielefeld

1. Auflage 2001
2. Auflage 2002

Postfach 11 01 35 × 33661 Bielefeld
Satz: CLV
Umschlag: Andreas Fett, Meinerzhagen
Druck und Bindung: Ebner Ulm

ISBN 3-89397-466-0

Inhalt

Eine verlorene Kindheit

Es war ein Schock für meinen Vater – doch auch sein offensichtlicher Ärger konnte nichts an der Tatsache ändern, dass auch das zweite Kind, welches meine Mutter gebar, wieder ein Mädchen war. Vielleicht war es seine Enttäuschung, die ihn veranlasste, mir den schrecklichen Namen Eustachia zu geben. Doch Gott sei Dank ließ das meine Mutter nicht zu. So bekam ich den Namen Alicia – Alicia Pulido-Ramos.

Ich wuchs in der Peripherie Madrids auf, im Quartier Christobal de los Angeles. Es liegt an der Südgrenze der spanischen Metropole und war damals wohl eine der heruntergekommensten Gegenden Madrids. So etwas, wie man sich unter den Bronx vorstellt. Wenn ich Brot kaufen musste, passierte ich schon zwei Drogenumschlagplätze. Polizeikontrollen waren etwas Alltägliches. Auf der Straße und auf Kinderspielplätzen lagen Spritzen herum.

Meine Familie war – wie man sich denken kann – alles andere als reich. Wir mussten uns in einer Dreizimmerwohnung zurechtfinden – meine Eltern, meine beiden Schwestern, mein kleiner Bruder und meine Großmutter. Meine ältere Schwester starb bei einem Autounfall, als ich acht Jahre alt war.

Der Ärger meines Vaters darüber, dass ich kein Junge war, schien sich nie wieder zu legen. Das zeigte sich an verschiedenen Dingen, am deutlichsten jedoch, wenn ich Vater bei der Arbeit half. Dort wurde mir klar, dass ich für ihn minderwertig war.

Als selbstständiger Malermeister war mein Vater froh über eine helfende Hand. So nahm er mich mit. Auch wenn ich kein Junge war, konnte ich anpacken. Doch jedesmal entschuldigte er sich bei den Auftraggebern gleich als Erstes, dass ich »nur ein Mädchen« sei, aber meine Arbeit trotzdem ganz gut mache. Ich wiederum strengte mich mächtig an, um mir so doch noch die Anerkennung meines Vaters zu erwerben. Wie tat es mir da weh, wenn er am Ende der Woche meinem kleinen Bruder den Lohn gab – meinem kleinen Bruder, der gar nichts arbeitete, sondern Comics anschaute, während Vater und ich uns abmühten! Ihm gab er »Lohn« und ich ging leer aus! Das war es, was ich von meinem Vater über meinen Wert und meine Wichtigkeit lernte.

Um meinem Vater nicht Unrecht zu tun, möchte ich erwähnen, dass seine Kindheit wohl noch trauriger war als meine. Selbst als Waisenkind in einem Kloster aufgewachsen, ist ihm nicht nur väterliche, sondern auch mütterliche Liebe versagt geblieben. Sein Leben lang blieb er uns Kindern gegenüber hart und kalt, ebenso behandelte er auch meine Mutter. Bevor er mit 56 an Lungenkrebs starb – er war starker Raucher – entschuldigte er sich bei meiner Mutter noch für alles, was er ihr angetan hatte.

»Sei froh, dass wir Kleider haben und sei nicht so pingelig!«, schimpfte meine Mutter. Wie hasste ich diese getupfte Bluse mit den kitschigen Rüschen! Was für eine Schande, so in die Schule gehen zu müssen! Wieder würden mich alle auslachen, hänseln und verspotten. Doch das schien meine Mutter wenig zu interessieren. Nicht, dass sie mich nicht geliebt hätte, nein, in einer gewissen Weise liebte sie uns Kinder von ganzem Herzen. Oft sagte sie uns: »Für euch würde ich auch den Mond geben, wenn ich könnte.«

Doch meine Mutter war eine einfache Frau. Sie wuchs in der schweren Nachkriegszeit als Halbwaise auf. Ihr Vater wurde von Francos Zivilgarde exekutiert. Der Schulbesuch war ihr nur zwei oder drei Jahre vergönnt. Oft musste sie auf der Straße betteln, um etwas zu beißen zu haben. Als sie dann heiratete, ging ihr Leben im gleichen Stil weiter: Vier Kinder am Hals, ein Mann, der keine Verantwortung übernahm und der frühe Tod ihrer ersten Tochter. So lernte sie das Leben als einen ständigen Kampf ums Überleben kennen und hatte wahrscheinlich wenig Zeit, um über die tieferen Bedürfnisse des Menschen nachzudenken. Jedenfalls nahm sie uns Kinder, trotz ihrer tiefen, emotionalen Liebe, nie ernst.

Nicht nur wegen der altmodischen Kleider fühlte ich mich von ihr immer wieder unverstanden und allein gelassen: Wenn ich von der ganzen Klasse verhauen wurde, griff sie nicht ein. Obwohl ich mir sehnlichst wünschte, sie würde mich doch wenigstens einmal von der Schule abholen, tat sie das nie. Und als ich später im Laufsport Freude, gewissen Erfolg und etwas Anerkennung fand, interessierte sie das überhaupt nicht und sie unterstütze mich in keiner Weise.

Ich glaube, ich war ungefähr 14 als ich mich fragte, was für einen Sinn ein solches Leben haben sollte. Ich stellte mir vor, wie es laufen würde: Nach Abschluss der Schule arbeiten gehen, dann heiraten, dann …? »Nein«, beschloss ich, »so werde ich nie leben!« Das Chaos bei uns zu Hause war mir genug. »Wozu lebe ich überhaupt?«, grübelte ich, »und wo gehe ich hin?« »Arbeiten, Streiten, Geld sparen (damit man Rechnungen bezahlen kann), Sorgen, Mühen und dann … Sterben? – Nein, so werde ich niemals leben, ganz bestimmt nicht«, beschloss ich. »Ich werde einen tollen Beruf lernen, der mir Spaß macht, mir Erfüllung gibt und auch genug Kohle einbringt, damit ich leben kann, wie ich will.«

So ein toller Beruf, der mir die Erfüllung meiner Träume versprach, war für mich Stewardess. So besuchte ich neben der Mittelschule eine Abendakademie, die mir die nötige Ausbildung geben würde, um schon bald in schicker Uniform durch die Lüfte zu düsen. Wie glücklich war ich bei dieser Vorstellung!

Doch mein Traum fand schon bald ein jähes Ende. »Alicia, du kannst die Akademie nicht mehr besuchen, wir haben zu wenig Geld für so etwas«, erklärte mir Mutter kurz und knapp. Es gab keine Diskussion. Ich war total niedergeschlagen. Was für eine Ungerechtigkeit! Da habe ich endlich einmal Freude an etwas, ein Ziel für mein Leben ...! – und dann ist plötzlich alles vorbei. Und alles nur wegen dem blöden Geld! Aber mich fragt ja keiner. Keiner interessiert sich für meine Träume, für meine Wünsche, für mich selbst.

Harte Jungs, Heroin und ...

Mit meinen Leistungen in der Mittelschule ging es ständig bergab. Ich hatte keine Motivation mehr zu lernen. Wozu auch? Ich würde nie einen Beruf lernen können, der mir Erfüllung und Unabhängigkeit brachte. Es war alles so sinnlos.

Mehr und mehr bewunderte ich einige Typen, die an unserer Schule als die bösen Jungs bekannt waren. Harte Typen, die niemand auslachte, die sich nicht um gute Noten und geregelte Arbeit scherten, aber dafür jede Menge Action hatten. Mir schien, sie machten das Beste aus diesem beschissenen Leben. Sie machten einfach, was sie wollten und nahmen auf Nichts und Niemanden Rücksicht. Hoffnung kam auf, in dieser Clique die Freiheit, die Erfüllung und die Anerkennung zu finden, nach denen ich mich sehnte.

Bald war ich immer öfter in ihrer Gesellschaft und mit einem älteren Jungen befreundet. Der rauchte Hasch und nahm auch andere Drogen. Das wollte ich natürlich auch probieren und so fing ich an, Hasch zu rauchen.

Das war schon eine coole Sache. Jetzt hatte ich einen Freund (mit dem ich kleines Mädchen nur allzu bald intim wurde), war mit den härtesten Jungs der Schule zusammen und verstand etwas von Dingen (Drogen), wovon die anderen keine Ahnung hatten. Ich war nicht mehr die kleine, dumme Alicia, die jedermann einfach auslachen und »verarschen« konnte! – Wirklich?

Mein Freund fing bald an, Heroin zu spritzen und gedankenlos rannte ich ihm nach ins Verderben. Mit 16 setzte ich mir meinen ersten Schuss und schneller als man sich nur denken konnte, ging meine Talfahrt weiter bergab. Schnell war ich vom Heroin abhängig und ständig auf der Suche nach Geld und Stoff. Erfüllung? – Na ja, viel Zeit zum Nachdenken hatte ich als Sklave der Droge nicht mehr.

Als ich 17 war, geschah die Katastrophe – ich wurde schwanger! Da hatte man auf einmal bei uns zu Hause Geld: Geld, um mir den Flug nach London und die Kosten einer Abtreibung zu zahlen. Sogar Großmutter gab willig her, was sie auf die hohe Kante gelegt hatte, um der Familie diese Schande zu ersparen.

Mit einem Mal hatte das kleine Mädchen ganz viel »Dreck am Stecken«. Es hatte ein ungeborenes Kind auf dem Gewissen, unwiederrufbar, unwiederbringlich! Wahrscheinlich war mir nie elender zumute, als damals beim Aufwachen in der Londoner Abtreibungsklinik. Allein, in einem fremden Land, halb auf Entzug und mein Leben belastet mit einer Abtreibung.

Zu Hause war man natürlich ganz froh, dass »das Problem« aus der Welt geschafft war. Doch mein Gewissen blutete, als hätte man mit einer Axt hinein geschlagen. Heute noch fällt es mir unglaublich schwer, daran zu denken, was ich damals getan habe.

Es kam, was kommen musste – die Beziehung zu meinem Freund ging bald auseinander. Ich war total kaputt und hatte weit mehr als meine Unschuld verloren. Tief verletzt in meiner Seele suchte ich mehr denn je Halt, Anerkennung und Erfüllung. Als hätte ich nichts aus meinen Fehlern gelernt, suchte ich all das wieder in Beziehungen mit Männern. Doch keine dieser Beziehungen half, sondern – wie man sich leicht denken kann – verschlimmerten nur meine Not.

Und weiter ging es abwärts auf der Achterbahn zur Hölle. In meiner Zeit war das Thema AIDS noch nicht so bekannt. Ich kann mich nicht daran erinnern, wann ich das erste Mal davon gehört habe. Jedenfalls kam es unter uns Junkies immer noch vor, dass wir die Spritzen austauschten.

»Und du bist also sicher, dass du nicht infiziert bist?«, frage ich Lolo, meinen Junkiekollegen. »Nein, bin ich nicht«, gab er knapp zurück. Bereitwillig nahm ich die Spritze aus Lolos Hand.

Endlich konnte ich mir den heiß geliebten Stoff in die Venen spritzen, der mir so viel Wärme und Frieden gab – nicht ahnend, dass dieser Einstich mein ganzes Leben für immer verändern würde. Denn Lolo war infiziert. Das stellte sich ein paar Wochen später heraus, als wir zu dritt einen Aids-Test machten. Na ja, man sollte das halt machen – alle machten es, also auch ich. Als ich ging, um das Resultat abzuholen, war ich nicht besonders nervös. »Bestimmt ist alles in Ordnung«, dachte ich. Die Krankenschwester gab mir das Kuvert in die Hand. Ich öffnete es: ALICIA PULIDO-RAMOS, Befund: HIV-positiv. Ich starrte auf das Stück Papier, das mir mit zwei Worten mein Todesurteil verkündete. »Jetzt ist alles aus. Ich bin 18 und habe alles verspielt. Ich sterbe – vielleicht lebe ich nur noch ein Jahr. Ich sterbe – unwiderruflich. Es ist alles aus. Ich kann nie mehr zurück«, ging es durch meinen Kopf.

Der Schock hielt einige Tage an. Doch mein frühes Todesurteil bewirkte etwas Seltsames in mir. Anstatt mich nun vollends in die Sucht zu stürzen und meine Todesangst im Rausch zu ersticken, dämmerte es mir, dass ich unbedingt aufhören musste mit den Drogen, frei werden musste von diesem verfluchten Gift. Ich entschloss mich, nicht mehr zu fixen (spritzen), sondern nur noch zu sniffen (den Stoff durch die Nase einnehmen). Ich musste frei werden und Antwort auf eine Frage finden, die mich nun immer drängender verfolgte: Was ist der Sinn des Lebens?

Ein greift ein

Gespenstische Geräusche. «Ntsch – ntsch – ntsch!« Die unheimlichen, dämonischen Geräusche kommen immer näher. Ist das ein Alptraum? Fang ich an durchzudrehen? Ich weiß es nicht, aber wer so etwas nicht selbst erlebt hat, kann sich nicht vorstellen, was für ein Schreck mir in die Knochen fährt, als ich diese gespenstischen Geräusche mitten in der Nacht höre.

Am nächsten Tag erzähle ich meiner Familie davon. Die nehmen das jedoch nicht besonders ernst, zumal meine Schwester und meine Großmutter, die mit mir das Zimmer teilen, nichts von diesem dämonischen Schmatzen gehört haben. Doch als es Abend wird und ich einschlafe, fangen die Geräusche wieder an – wie in einem Horrorfilm. Und auch wenn es kaum zu glauben ist, meine

Mutter und mein Bruder, die in anderen Zimmern schlafen, wachen auf. Sie wachen wegen dieser Geräusche auf, die aus meinem Zimmer kommen und immer lauter werden. Natürlich denken sie, dass ich selbst so grässlich mit meinem Mund schmatze. Beide stehen auf und schauen nach. Die Geräusche sind laut und kommen aus meiner Nähe, aber ich schlief und beide, meine Mutter und mein Bruder, sehen genau, dass ich meinen Mund kein bisschen bewege. Die Sache ist um so gespenstischer, weil meine Großmutter und meine Schwester Silvia, die neben mir schlafen, von dem Lärm wiederum nicht die geringste Notiz nehmen.

In der darauffolgenden Nacht bin ich, soweit ich mich erinnern kann, allein. Wiederum beginnt der unheimliche Spuk. »Ntsch – ntsch – ntsch!« Es ist ja schon unheimlich genug, wenn es einmal spukt, doch dies ist schon die dritte Nacht und diesmal ist das Schmatzen greifbar nah. Weil meine Mutter und mein Bruder es die Nacht vorher auch gehört haben, weiß ich, dass es sich nicht nur um drogenbedingte Halluzinationen handeln kann. Das Grauen überfällt mich. »Ntsch, ntsch, ntsch!« »Es« kommt immer näher. Ich breche in Angst und Panik aus. »Es« wird mich verschlingen! Intuitiv, ohne zu wissen was ich sage, schreie ich: »Jesus, rette mich!«

Noch heute kann ich mir nicht erklären, warum ich den Namen Jesus um Hilfe rief. Religion spielte nie eine Rolle in unserer Familie. Wir gingen nicht zur Kirche. Meine

Eltern hielten – wie viele Spanier seit dem Bürgerkrieg – nicht viel von dieser Institution. Zu gut wusste jeder, dass der Tyrann Franco sich auf sie gestützt hatte. Und so ging man bei uns weder zur Kirche, noch redete man über Gott. Nur in der Schule mussten wir vor dem befreienden Putsch 1977 noch beten, aber soweit ich mich erinnere auch nicht zu Jesus, sondern zur Jungfrau Maria.

Jesus rette mich! – schrie es aus mir heraus, doch die Worte schienen mir wie von jemand anderem in den Mund gelegt zu sein. Oder sprach meine Zunge aus, wonach sich mein Herz sehnte, wovon aber mein Verstand gar nichts wissen konnte?

Wie auch immer, jedenfalls wurde dieses Gebet augenblicklich erhört: Die Dämonen und ihr grausiges Schmatzen waren sofort und für immer verschwunden. Doch es scheint, als ob dieses »drei-Worte-Gebet« noch weit mehr in meinem Leben auslöste. Denn es war genau in der Zeit meiner unheimlichen Erlebnisse, als sich Zufälle um Zufälle häuften – Zufälle, die mich aus der Hölle von Christobal de los Angeles in die Schweiz brachten, wo ich ein total neues Leben kennen lernte.

Auf verschlungenen Wegen

Irgendwie gelang es mir, trotz meiner Drogensucht zu arbeiten. (Wie froh bin ich heute, dass mich meine Sucht nie soweit brachte, dass ich mich prostituierte!) Eines Tages rief mich der Direktor der Firma, in der ich arbeitete, ins Büro und sagte, ich solle doch mal Urlaub am Meer machen. Das würde mir gut tun, meinte er, und mir vielleicht helfen, auf andere Ideen zu kommen. Natürlich würde mir das gut tun, erwiderte ich, nur fehle mir dazu das nötige Kleingeld.

Zu meinem Erstaunen bot der Direktor an, auf der Bank ein Wort für mich einzulegen, damit ich einen Kredit aufnehmen könne. Jeden Monat würde der Kredit dann einfach mit einem Teil des Lohnes abbezahlt werden. Also so was, seit wann haben Direktoren denn so viel Interesse an ihren Mitarbeitern! Nicht mal ich selbst wäre auf so eine gute Idee gekommen. Freudig nahm ich seinen Vorschlag an, bekam das Geld und buchte ein Hotelzimmer und eine Busfahrkarte nach Benidorm, der Touristenmetropole an der Südküste Spaniens.

»Morgen fahr ich ans Meer! Ist das nicht toll?«, prahlte ich beim abendlichen Joint mit den Typen aus dem Quartier. »Mensch erzähl keinen Scheiß Alicia, ist das wahr?«, fragte Pili. »Ja, hier ist mein Ticket und meine Hotel-Reservierung.« – »Das ist toll«, schaltete sich Pilis Freund ein, »aber ich hab noch eine viel bessere Idee.« – »Und die wäre?«, fragte ich erstaunt. »Wir fahren morgen alle zusammen hin. Ich habe ein Auto und ein Zelt. Wir campen. Ist doch viel cooler zu viert.« – »Du bist ja verrückt, das geht doch nicht«, wendete jemand ein. Und nun redeten wir noch lange hin und her bis in die Nacht hinein. Am Schluss waren alle zu dem Abenteuer bereit.

Verrückt! Ich ließ mein bereits bezahltes Hotelzimmer sausen, um mit meinen Freunden zusammen zu campen. Mit dem restlichen Geld kaufte ich Kokain, das ich auch großzügig meinen Freunden spendierte. – Ein weiterer, dummer Fehler in meinem Leben.

Am dritten Tag meines Urlaubs verletzte ich mich beim Fußballspielen auf dem Campingplatz an meiner rechten Ferse. Ich musste zum Arzt und bekam einen Gips. Aus war's mit Baden! Zum Meer war es sowieso ein ganzes Stück, jedenfalls zu weit, um mit einem Gips dahin zu humpeln. Meinen »guten Freunden«, deretwegen ich Hotelzimmer und alles hatte fahren lassen, schien das ziemlich egal zu sein. Sie ließen mich sowohl tagsüber allein im Zelt zurück, als auch am Abend, wenn sie in die Bars gingen!

Da saß ich nun allein da, doof wie immer. Ein erbärmlicheres Bild kann man sich ja kaum vorstellen. Wie soll ein solcher Urlaub mir helfen aus dem Schlamassel rauszukommen?! Mir war wirklich zum Heulen zumute. Mein einziger Trost waren die netten Ausländer gleich im Zelt nebenan. Sie luden mich immer wieder auf ein Bier ein und so war ich trotzdem nicht ganz allein.

Ein Mädchen aus dieser Gruppe Ausländer war besonders nett. Sie hieß Nicole und versuchte mit mir über alles Mögliche zu quatschen. Sie kam aus der Schweiz und konnte ein wenig französisch, so wie ich auch. So klappte die Verständigung halbwegs. Diese

Nicole war wirklich toll drauf, eine richtige Powerfrau, selbstbewusst und selbstständig. So wollte ich auch sein. Als wir uns verabschiedeten, sagte sie: »Komm mich doch mal in der Schweiz besuchen.«

Grüne Hügel ratterten an meinen Augen vorbei, Kühe, Kirschbäume, Apfelbäume, frisch gemähte Wiesen, kleine Städtchen und Bauerndörfer wie aus dem Bilderbuch. »Ein schönes Land«, registrierten meine Hirnzellen, während ich zum Zugfenster hinausschaute. Ich war auf dem Weg zu Nicole. »Wenn ich schon eine Einladung in die Schweiz habe, dann muss ich das ausnutzen«, dachte sich die reiselustige Alicia. Mehr dachte ich nicht. Ein Besuch für eine Woche. Doch wie entscheidend wichtig für mein weiteres Leben diese eine Woche sein würde und dass ich in dieser einen Woche den Menschen kennen lernen sollte, der mir einmal mehr bedeuten würde als jedes andere sterbliche Wesen auf diesem Planeten, das ahnte ich in diesem Moment nicht.

Nicole nahm mich in all die Kneipen mit, in denen sie verkehrte und stellte mir eine Reihe ihrer Freunde vor. Während wir in einem besonders coolen Laden saßen, fiel mein Blick auf einen Jungen in einer total verfilzten Jeansjacke. Ich sah nur seinen Rücken und trotzdem spürte ich, dass er sehr depressiv war, total ernst und belastet. Irgendwie wollte ich ihm helfen. »Wer ist das, Nici?«, fragte ich. »Oh, das ist der Michi«, antwortete Nicole mit wenig Interesse. »Sieht so aus, als hätte er ziemliche Probleme.« – »Ach, er ist fast immer so schlecht drauf.« – »Können wir ihm denn nicht helfen? Ich meine, wir könnten ihn vielleicht zu einem Joint einladen, da würde er bestimmt ein wenig fröhlicher werden.«

Nicole, die lebensfrohe Natur, ging sofort auf meinen Vorschlag ein. Sie klopfte Michael auf die Schulter und erzählte ihm von unserem Vorhaben. Er war natürlich für einen Joint, dazu noch mit zwei Mädchen, immer zu haben. Und so saßen wir schon bald zu dritt draußen auf einer Bank und versuchten uns zu unterhalten. In diesem Moment lernte ich meinen Mann kennen, eine Führung Gottes? – Unmöglich, was hat Gott schon zu tun mit Haschisch, mit abenteuerlustigen Mädchen und Flirtereien! – Oder vielleicht doch?

In diesem Moment, während Nicole Michael erzählte, wer ich sei und dass ich es war, die ihn eigentlich zum Joint einladen wollte, weil ich sah, dass er Probleme hatte und ihm helfen wollte, wusste Michael ein Geheimnis, von dem er mir erst sehr viel später erzählte.

Michael, der Junge mit den traurigen Augen, die manchmal voller Hass glühten, der Junge mit den T-Shirts von denen Dämonenfratzen grinsten, der Junge, der nur richtig froh war, wenn höllischer Speed-Metal dröhnte, er hatte genau in dem Augenblick, als ich ihn zum ersten Mal sah, dort in der Bar, während er in sein Bierglas starrte, einen Notschrei zum Himmel gesandt.

In der Verzweiflung seines Herzens schrie er, ohne dass irgendein Mensch es hören konnte: »Gott, wenn es dich wirklich gibt, dann gib mir einen Menschen, nur einen Menschen, der sich für mich und für meine Probleme interessiert.« Genau das war geschehen. Ich, ein Mädchen aus Spanien auf einem einmaligen Blitzbesuch in seiner Heimat, hatte genau das 10 Minuten später getan. Zufall? Für ihn war klar, dass hinter unserer Begegnung der lebendige Gott stand.

An diesem Tag blieben wir noch lange zusammen und mit Händen und Füßen philosophierten wir über dieses und jenes und hatten das Gefühl, wir würden uns ganz gut verstehen und so ziemlich in allem übereinstimmen.

Während ich nach Spanien zurückflog keimte in mir der Entschluss, in die Schweiz zu »fliehen«. In diesem Land könnte ich frei werden von den Drogen und von den Menschen, die mir in Madrid das Leben schwer machten. Die Schweiz präsentierte sich schön, fortschrittlich und modern. Die Menschen wirkten zwar sehr kalt, aber die wenigen Leute, die ich kennen gelernt hatte, waren alle ganz nett. Mit ihnen könnte ich es schaffen. Gedacht – getan. Ein paar Monate später, Ende Sommer 1988, reiste ich zum zweiten Mal in die Schweiz. Gott weiß, woher ich das Geld für die Reise hatte. Diesmal wollte ich nicht nur einen Urlaubstrip machen, diesmal reiste ich ein mit dem Entschluss, eine Arbeit zu finden und zu bleiben.

Nicole war ganz aus dem Häuschen, als sie mich plötzlich mit meinem Köfferchen vor ihrer Haustür stehen sah. Ich hatte sie zwar aus Madrid angerufen und gesagt, dass ich kommen würde, doch wenn man verschiedene Sprachen spricht, *meint* man manchmal nur, man würde sich verstehen ... Diese Tatsache sorgte übrigens später in meiner Ehe noch für ein böses Erwachen!

Nicole nahm mich einfach in ihre Wohnung auf. »Hast du wenigstens Geld?«, fragte sie. »Nein, ich hab alles für Zug und Taxi verbraucht, um vom Flughafen bis zu dir zu kommen.« Meine Güte, damals habe ich wirklich völlig gedankenlos gelebt! Gott sei Dank, Nicole war hilfsbereit und flexibel.

Das war schon eine steile Nummer. Obwohl ich es ihr gesagt hatte, verstand meine herzensgute Freundin nämlich auch nicht (Sprachbarriere), dass ich drogenabhängig war und hier davon loskommen wollte. Sie merkte auch nicht, dass ich ziemlich den Entzug spürte (er war nicht so stark, weil ich schon lange nur noch gesnifft hatte), sie fand nur, dass ich schon meine Macken hatte. Trotzdem tat sie, was sie konnte, um mir zu helfen.

»Du willst also hier bleiben, als Ausländerin in der Schweiz? Da stehen die Chancen aber schlecht.« Nach einigem Rumfragen und Nachdenken fand meine Nici heraus, dass die einzige Möglichkeit für eine Aufenthaltsgenehmigung das Finden einer Au-pair-Stelle für mich war – ein Kinder- und Hausmädchen, das gleich bei der Familie wohnt. Der Gedanke gefiel mir. Und überhaupt, mir war es nicht wichtig, *was* ich tun würde, sondern dass ich nur nicht zurück nach Madrid müsste.

Bei einem Freund von Nicole, der auf dem Land wohnte, ließ ich mir einen Drachen auf den Oberarm tätowieren. Und wen traf ich da? Den Bekannten von meinem ersten Besuch – Michael. Auch er ließ sich tätowieren. Ganz erfreut von dieser Gemeinsamkeit und über diesen Zufall (für Michael war es Gott – nur sagte er das niemandem), der uns wieder zusammengeführt hatte, vertieften wir unsere Freundschaft.

Würde ich in diesem Land bleiben können? Erstmal musste ich eine Stelle finden. Zum Glück dachte ich damals nicht so viel nach. Sonst hätte ich vielleicht gar nicht angefangen, mich als Kindermädchen zu bewerben. Wer will schon für seine Kinder ein Mädchen mit kurz geschorenen Haaren, deren Oberarm von einem Drachen geziert wird, die noch nicht einmal Deutsch kann und die Drogen nimmt! Ich nahm zwar kein Heroin mehr, doch rauchte ich täglich jede Menge Haschisch. (Natürlich sagte ich beim Vorstellungsgespräch nicht, dass ich Drogen nahm. Aber bei meinem Outfit hätte sich das ja jeder denken können.)

Doch, oh Wunder, ich bekam eine Stelle als Kindermädchen und zwar bei der allerersten (!) Adresse, wo wir nachfragten! Vielleicht lag es daran, dass es ziemlich moderne Leute waren, wie es sie in der Schweiz ja häufig gibt. Jedenfalls stellten sie mir nicht viele Fragen, sondern sagten einfach zu. Ich konnte im nächsten Schuljahr, im August 1989, dort anfangen.

Ich fuhr weiter »Achterbahn«, doch langsam schienen sich die Kurven nach oben zu wenden. Es gab nur einen Haken: vorher musste ich doch noch nach Spanien zurück, um alle Papiere zu regeln. Dann würde ich dort von der Schweizer Ausländerpolizei eine Bewilligung bekommen.

Auf dem Weg in meine Heimat, hoch über den Wolken, versuchte ich über alles nachzudenken. Irgendwie spürte ich, dass das eine ganz große Chance in meinem Leben war, vielleicht die letzte. Die durfte ich auf keinen Fall verpassen. »Wenn ich jetzt nur keinen Blödsinn mache«, sagte ich mir immer wieder. »Wenn ich nur nicht wieder in die Drogen stürze und mir das alles vermassle.«

Zu Hause erzählte ich voller Freude, was mir in der Schweiz alles passiert war, und dass ich schon bald dort als Kindermädchen arbeiten könne. Wie immer glaubten sie mir nicht. »Die Alicia lügt ja sowieso nur den ganzen Tag, der kann man ja nicht trauen«, meinten sowohl meine Mutter wie auch alle anderen. Damit hatten sie nicht ganz Unrecht, ich log und stahl mir das Geld für meinen Drogenkonsum nun ja schon seit Jahren zusammen. Aber jetzt wollte ich das ja alles ändern! Wollte ehrlich sein, ein neues Leben beginnen! Aber keiner glaubte mir. – Mit der Unterstützung meiner Familie konnte ich also nicht rechnen.

Trotzdem hatte ich nach kurzer Zeit genug Geld zusammengetrieben für ein Flugticket nach Zürich und ich konnte mir sogar noch einige Schweizer Franken wechseln. Nun stand meinem Glück eigentlich nichts mehr im Weg.

Um ein Haar hätte ich mir das Ganze kurz vor Schluss noch vermasselt. In der Zeit wo ich auf die Papiere aus der Schweiz wartete, kaufte ich nämlich eine ziemlich große Menge Heroin für mich und meine Freunde – so viel Heroin, wie ich noch nie in meinem Leben gekauft hatte. Kaum hatte ich das Zeug in meiner Tasche, lief ich der Polizei in die Hände. Weil ich ein wenig die Gesetze kannte, wusste ich, dass ich ziemlich in der Klemme saß. Wer mit einer solchen Menge erwischt wurde, musste mindestens drei Tage in Haft bleiben und wurde strafrechtlich verfolgt und registriert. Kaum gute Voraussetzungen, um die Bewilligung der Schweizer Ausländerpolizei zu bekommen!

Mit solchen Gedanken saß ich einige Stunden trübsinnig auf der Polizeistation. »Warum mache ich nur immer einen solchen Blödsinn. War das wirklich nötig gewesen?« Ich verlor allen Mut. Nachdem ich genug Zeit gehabt hatte, um über meine Dummheit nachzudenken, ging plötzlich die Tür auf. Ein Polizist sagte trocken: »Sie können gehen.«

So war ich unverhofft und unverdient wieder in der Freiheit. Die Tür in die Schweiz war nicht ins Schloss gefallen. Jedoch war ich immer noch nicht dort, und erst im Nachhinein erkenne ich, wie sehr alles auf des Messers Schneide stand.

Drei Tage vor meinem Abflug ging mir meine Familie dermaßen auf die Nerven mit ihrer Kritik (sie hatten es ja auch nicht einfach mit mir), dass ich nicht mehr nach Hause ging. Ich pennte irgendwo. Ich zählte jeden Tag. Doch dann, am Morgen des großen Tages, verschlief ich!

Ich wachte auf und starrte erschrocken auf meine Uhr, es war bereits fünf nach acht. Das Flugzeug flog um viertel vor elf, aber ich musste eine Stunde vorher dort sein. Mit einem Taxi brauchte ich etwa eine Stunde zum Flughafen. »Das wird knapp, aber ich könnte es noch schaffen«, schoss es mir durch den Kopf. »Schnell, schnell, schnell – nach Hause, die gepackte Tasche mitnehmen, zum Taxistand laufen …« Doch Moment mal: »Oh nein, ich habe ja gar kein Geld mehr! Ich hab ja alles verbraucht und ganz vergessen, mir etwas für den Weg zum Flughafen zurückzulegen.« (Hätte ich es nicht selbst erlebt, würde ich heute gar nicht glauben, dass man so gedankenlos leben kann!)

Zuhause angekommen, warf ich die Tür auf, packte meine Sachen zusammen und erzählte meiner »Jaja« (Oma) die ganze Geschichte. Die glaubte dem »Krebs der Familie«, wie mein Vater mich nannte, natürlich kein Wort. *Kindermädchen in der Schweiz, Flugzeug, Taxi, keine Zeit* – eine weitere Junkie-Geschichte, nur um an Geld zu kommen. Wir fingen an zu streiten. Schließlich gab sie mir ärgerlich etwa 2500 Pesetas.

Ich spurtete zum Taxistand. »Wie viel kostet es zum Flughafen ›Barajas‹?« keuchte ich. »Bei diesem Verkehr gegen 4000 Pesetas.« Die Antwort des Taxifahrers traf mich wie der Blitz. Mein Flugzeug in die Freiheit sah ich schon ohne mich davonfliegen. Schnell erzählte ich ihm meine Geschichte. »OK, ich glaub dir«, der freundliche Fahrer stellte die Zähluhr ab und fuhr mich, so schnell es ging, durch die überfüllten Straßen Madrids zum Flughafen.

Ich glaube, ich übertreibe nicht, wenn ich sage, dass ich das Flugzeug gerade noch in der letzten Sekunde erwischte. Dieses Flugzeug brachte mich nicht nur in die Schweiz, es brachte mich an den Ort, wo alles neu werden sollte. Neu und schöner, als ich es mir je hätte träumen lassen.

Ein Direktor, der sich selbstlos um mich kümmerte; der dumme Entschluss, das bezahlte Hotelzimmer fahren zu lassen; ein ärgerlicher Unfall beim Fußball spielen; untreue Freunde; eine ungewöhnlich nette Fremde, deren Sprache ich nicht verstand; eine Familie, die mir grundlos ihr Vertrauen schenkte, ein Polizist, der mich laufen ließ; eine Großmutter, die mir wider Willen Geld gab und ein Taxifahrer, der mich fast zum halben Preis zum Flughafen brachte – viele »Zufälle« brachten mich an den Ort, wo ich ein neues Leben und eine neue Identität bekommen sollte.

Zufälle – oder eine unsichtbare Hand, die alle Widerstände gegen meine Ausreise einfach aus dem Weg räumte? Mir scheint es heute, dass mein kurzes Gebet: »Jesus rette mich!« noch viel länger nachhallte, als ich es mir denken konnte.

Michael und »sein« Jesus

Meine Stelle in der Schweiz hätte nicht besser für mich zugeschnitten sein können. Die Familie zahlte mir nicht nur die Krankenkasse, den Deutschkurs und einen kleinen Lohn – ich hatte sogar eine Wohnung für mich allein. Das hat wahrscheinlich nur eines von tausend Aupair-Mädchen. Arbeitsbeginn war erst um 11 Uhr und um 18 Uhr war schon wieder Schluss. Für Schweizer Verhältnisse ist das wie Urlaub. Doch mehr hätte ein drogengeschädigtes Mädchen wie ich kaum ertragen. So konnte ich also meine Arbeit tun und hatte genug Freiraum, um den Schock der ganzen Umstellung zu verarbeiten.

Mein Arbeitsort war etwa 40 km von dem Wohnort meiner Freundin Nicole entfernt. So oft ich konnte, fuhr ich am Wochenende zu ihr. So kam es, dass ich auch Michael wieder traf und wir waren oft zusammen.

Michael rief mich an, besuchte mich, holte mich mit seinem Motorrad ab oder mit dem Auto seines Freundes, war nett und half mir, wo es ging. Michael war anders als alle anderen Jungs, das spürte ich sofort. »Er will nicht *etwas* (Sex) von mir, sondern er will mich beschützen, für mich dasein«, dachte ich. Das gab mir ein Gefühl der Sicherheit, das ich bis dahin nicht kannte. Andrerseits war mir sein Interesse an mir nicht Recht. Weil ich HIV-positiv war, konnte ja nie etwas aus uns werden. Ich fand es nicht fair, wenn ich ihm das verschweigen würde.

Ich musste es ihm also sagen, koste es was es wolle. Denn mein neues Leben hier in der Schweiz wollte ich nicht auf Lügen aufbauen. In Madrid hatte ich jahrelang nur noch gelogen und das belastete mich sehr. Ich merkte, dass ich in der Lüge nie glücklich und nie frei werden konnte. Ich wollte nicht mehr so leben wie früher! So nahm ich allen Mut zusammen und erzählte ihm von meiner Krankheit. Ich sagte ihm, dass deshalb eine Beziehung zwischen uns nicht möglich sei. Mir war klar, dass Michael nach dieser Nachricht nichts mehr mit mir zu tun haben wollte. Er, der einzige Junge, der aufrichtig an mir interessiert war.

Doch er reagierte ziemlich gelassen auf mein Bekenntnis. Er meinte nur, dass das für ihn kein Problem sei. Da auch sein eigener Bruder HIV-positiv sei, wisse er mit der Krankheit genau Bescheid. Ich war erleichtert und schöpfte wieder Hoffnung.

Wir blieben also weiterhin zusammen. Oder wie soll ich das nennen? Nein, wir hatten kein »Verhältnis«. Wir hielten nicht einmal Händchen. Wir küssten uns nicht einmal, obwohl wir oft Tag und Nacht zusammen waren! Mit einem gegenseitigen Respekt, der unserer Generation fremd war, blieben wir auf Distanz. Wenn man bedenkt, in welcher Gesellschaft wir uns bewegten und was für Moralvorstellungen wir hatten, ist das wirklich ein Wunder. Wahrscheinlich war meine Krankheit der Hauptgrund, dass wir eine vollkommen »reine« Beziehung hatten. Andererseits wollte ich mich einfach auch auf keine Geschichten mehr einlassen, die am Schluss nur weh tun, und Michael respektierte das völlig. So konnten wir uns auf gesunde Weise kennen und respektieren lernen, in einer Beziehung, die nicht sexuell belastet war. Das war notwendig, damit das zarte Band der Freundschaft sich festigen konnte. Wären wir nicht enthaltsam geblieben, wäre unsere Beziehung zweifellos im Nu in die Brüche gegangen. (Nicht, dass wir damals so tiefe Gedanken gehabt hätten, aber im Nachhinein können wir das ganz deutlich sehen.)

Für mich war es eine wunderschöne Zeit. Einen Freund

zu haben, der sich für mich interessierte, nicht aus Eigennutz, sondern aus … hm, ja was war es denn – Liebe? Ja, es war Liebe, doch damals verstand ich unter Liebe andere Dinge.

Ich dachte nicht viel über alles nach. Ich dachte nicht an die Zukunft und wie sich unsere Beziehung entwickeln sollte. Ich genoss einfach die Zeit und lebte in den Tag hinein.

Eines Tages überraschte Michael mich völlig. Als ich ihm erzählte, dass ich in Madrid einige Jahre an der Nadel gehangen hatte und in die Schweiz gekommen sei, um frei zu werden von Heroin, sagte er mir gerade heraus: »Du brauchst Jesus.« Ich dachte: »Ich hör wohl nicht Recht. Ausgerechnet *der* sagt so etwas. Der ist ja lustig. Hat selbst Probleme und ist depressiv, zieht sich ständig seine ›Metallica‹ und ›Suicidal Tendencies‹ rein und redet davon, dass ich Jesus brauche.«

Mein Jahr ging schnell zu Ende. Inzwischen war Winter und langsam musste ich der Tatsache ins Auge sehen, dass diese einzigartige, schöne Zeit bald ihr Ende nehmen würde. Als Au-pair-Mädchen bekommt man nur für ein Jahr eine Aufenthaltsgenehmigung und die kann nicht verlängert werden. Das bedeutete für mich, zurück in die Hölle von Madrid, in mein Quartier, wo die Dealer vor der Haustüre stehen. Legal gab es einfach keine Möglichkeit, länger in der Schweiz zu bleiben. Meine ganze Welt brach zusammen. Hier könnte ich leben, hier musste ich kein Heroin nehmen, hier gab es Menschen die mich liebten! Und nun sollte ich das alles verlassen müssen? Ich versuchte den Gedanken zu verdrängen.

Es ist Montag, kalt, grau und nass, ein wüster Märztag. Ich mache blau. Anstatt zu arbeiten, gehe ich mit einer Freundin ins Hallenbad. Am Abend warte ich bei ihr zu Hause auf Michael. Er kommt von der Arbeit und ist froh, mich zu sehen. Wir reden über dies und das. Im Laufe des Gesprächs sage ich ihm, dass ich im Sommer wieder zurück nach Madrid muss. Ich bemühe mich, das so gelassen wie möglich zu sagen: »Na ja, es gibt halt keinen anderen Weg, es ist halt so.« Doch damit will sich Michael nicht abfinden: »Es muss doch einen Weg geben.« – »Nein, gibt es nicht, ich hab mich schon überall erkundigt. Die einzigen Möglichkeiten, hier zu bleiben, wären entweder im zwielichtigen Milieu zu arbeiten oder zu heiraten und beides kommt für mich nicht in Frage.« Michael bleibt ruhig – vielleicht eine halbe Minute (später sagt er mir, dass er in dieser Zeit ein Stoßgebet zum Himmel sandte). Er sieht mich an. »Gut, dann heiraten wir.«

Ich bin wie vor den Kopf gestoßen, darüber habe ich nicht einmal im Traum nachgedacht. Heiraten – uij – ich glaube, er weiß nicht wovon er redet. »Nein, das geht nicht«, wehre ich ab. Doch er bleibt hartnäckig, argumentiert und nach einer Viertelstunde gebe ich mich geschlagen: »Also gut, wenn du meinst, dann heiraten wir.« Plötzlich bin ich voller Freude und er auch. »Das feiern wir jetzt! Ich lade dich zu einer Pizza und einer Flasche guten Wein ein«, lacht Michael mich an. Draußen fällt dicker Schneeregen und zum ersten Mal laufen wir Hand in Hand über die Straßen. Kann das Leben noch so romantisch sein?

Als Michaels Eltern spitz kriegten, dass ihr Sohn eine unbekannte Ausländerin heiraten wollte (der Kerl hatte mich ihnen nie vorgestellt), waren sie natürlich nicht gerade sehr begeistert. Trotzdem wollten sie mich kennen lernen und so wurde das erste Treffen organisiert. Bei Kaffee und Kuchen unterhielten wir uns über dieses und jenes. Ich war überrascht von ihrer Freundlichkeit. Ich spürte, dass diese Menschen anders waren.

Michaels Eltern waren Christen. Damals hatte ich keine Ahnung, was Christen sind. Zudem verstand ich sowieso das meiste nicht, mein Deutsch war ja immer noch mehr schlecht als recht. Trotzdem spürte ich etwas besonderes bei Michaels Eltern und seiner Schwester Miriam. In ihrer Wohnung waren überall Spruchkärtchen mit Bibelversen. Immer wieder zog es meinen Blick auf diese Kärtchen. Heute sagen meine Schwiegereltern, dass ich oft lange davor stand und sie zu lesen versuchte.

Als ich meiner Mutter per Telefon mitteilte, dass ich heiraten wolle, glaubte sie mir nicht und schimpfte: ich Egoist wolle sicher nur wieder unschuldige Leute ausnutzen. Schlussendlich kam sie mit meiner kleinen Schwester trotzdem zur Hochzeit. Die war am 29. Juni 1990.

Es war ein Sommertag, wie man ihn sich nicht schöner vorstellen kann. Wäre es nach uns gegangen, hätten wir wahrscheinlich klammheimlich, in Jeans, einfach kurz ein Papier unterschrieben und das wäre unsere Hochzeit gewesen. Glücklicherweise sorgten Michaels Eltern dafür, dass wir doch noch so etwas wie eine normale Hochzeitsfeier hatten. Normal – bis auf die Hochzeitsleute. Auf dem Weg zum Standesamt stritten wir uns noch über irgendeine Kleinigkeit. Doch als wir unser Treuegelübde unterschrieben, waren wir auf einmal voller Freude und wussten, dass wir einen großen Schritt getan hatten.

Doch diese Freude hielt nicht lange an. Um große Schritte erfolgreich zu tun, braucht man auch eine gesunde Schau fürs Leben, und große Liebe muss mit Charakterstärke gepaart sein, damit sie Bestand hat. Uns fehlte das eine wie das andere.

Streit war dann auch schon bald auf der Tagesordnung und es wurde je länger, desto schlimmer. Es geschah genau das, was eigentlich jeder (außer uns) schon vorausgesehen hatte. Unsere Ehe war ein einziger Trümmerhaufen. Zwar hatten wir einige positive Vorsätze gefasst, wir wollten auch Gott in unsere Ehe mit einbeziehen, lasen zusammen in der Bibel (Michael hatte mir inzwischen eine spanische Übersetzung besorgt). Doch diese halbherzige Hinwendung zu Gott war kaum die angemessene Therapie für zwei Drogen und Heavy-Metal geschädigte Chaoten wie uns. Selbst das Bibellesen artete meist in Streit aus. Wer weiß, in was für einer Tragödie wir noch geendet hätten, wäre es nicht bald zu einer großen Wende gekommen …

Nach einem heftigen Streit hatte ich endgültig die Nase voll. »Selbst in einer Beziehung, die auf Liebe gegründet ist, kann ich keine Erfüllung finden!« Es schien alles keinen Sinn zu haben. Ich war verzweifelt. Wie konnte es sein, dass ich den Mann, den ich liebte, gleichzeitig hasste? Lieber sterben als so zu leben! Ich griff zum Telefonhörer. »Mama, ich komme nach Hause, ich halte das nicht mehr aus hier«, sagte ich unter Tränen. Darauf fingen wir wieder an zu streiten und Michael machte mir heftige Vorwürfe. Dann wollte er seine Eltern anrufen. Nein, die wollte ich nicht sehen. Ich schrie ihn an, dass das nicht fair sei und rannte zur Wohnung hinaus. Michael rannte hinter mir her, ohne seinen Eltern, deren Telefonnummer er schon gewählt hatte, auch nur ein Wort sagen zu können.

Ich stand hinter der Ecke der Hausmauer und sah, wie mein Mann nervös ums Haus gelaufen kam und Richtung Wald schaute. Ich blieb still. Als er mich nicht sah, rannte er zum Wald hinauf, in der Annahme, ich sei dort. »Soll er doch verschwinden«, dachte ich zornig. Als er jedoch im Wald verschwand, tat mir alles sehr leid. Ich wollte nicht, das unsere Beziehung eine Ende nahm. Ich liebte ihn ja – so gab ich mir einen Ruck und ging hinter ihm her.[1]

Mein Mann rannte in der Zwischenzeit verzweifelt in den Wald. Als ich ihm eröffnet hatte, dass ich zurück nach Spanien gehen wollte, brach für ihn eine Welt zusammen. Sein Bruder war ein alter Junkie, darum wusste er genau, dass ich in meiner alten Umgebung niemals von dem Teufelszeug los kommen, sondern sofort rückfällig werden würde. Er hatte mich geheiratet, um mich genau davor zu retten. So sehr liebte er mich. Und nun war er, der mich retten wollte, Schuld daran, dass ich zurück ging, um im Heroin unterzugehen!

Doch im Wald war niemand. Plötzlich blieb er stehen und wurde ganz ruhig. Es war ihm, als hörte er eine Stimme sagen: »Wohin willst du denn noch laufen, Michael? Du kannst nirgendwo mehr hinlaufen. Siehst du nicht, dass du schon die ganze Zeit läufst und läufst – wohin willst Du denn eigentlich?«

Plötzlich begriff er, dass es der lebendige Gott war, der ihm begegnete und mit ihm sprach. Sein ganzes Leben war er vor Gott davongelaufen und hatte Gottes Liebe

---

[1] Michaels Lebensgeschichte wird in dem Buch »Tanz am Abgrund«, CLV, ausführlich erzählt (siehe Hinweis am Ende des Buches, Seite 124).

abgewiesen und verachtet. Er begriff in einer Sekunde, was er bis dahin trotz aller christlichen Erziehung nie verstand: Dass Gott Liebe ist und dass Gottes Gebote nicht grausame Verbote, sondern Ausdruck seiner Liebe sind, die uns Menschen vor dem Verderben bewahren wollen. Vor dem Verderben, in das er nun hineingerannt war!

In dieser Begegnung mit Gott überfiel Michael das Bewusstsein, dass er es wirklich nicht verdient hatte, jetzt noch von Gott Gnade und Vergebung zu bekommen. Doch mit dieser Erkenntnis begriff er plötzlich, dass Jesus genau wegen dieser unverzeihlichen Schuld für ihn am Kreuz gestorben war. Es war ihm, als hörte er Jesus sagen: »Ich habe schon längst alles gewusst und dir schon längst alles vergeben, ich warte schon die ganze Zeit darauf, dass du dies alles einsiehst.«

Hat Gott diese trotzige Ehefrau hinter der Hausecke benutzt, um Michael zu begegnen? Jedenfalls war das Timing perfekt: Nachdem Michael Gottes Stimme bis ins Innerste seines Herzens vernommen hatte, drehte er um und ging langsam zurück und traf auf mich, die ich, vom schlechten Gewissen getrieben, ihm doch nachgegangen war.

Soweit ich mich erinnern kann, sprachen wir kein Wort. Traurig und geknickt gingen wir gemeinsam zu unserer Wohnung zurück, ohne eine Ahnung, wie es weitergehen sollte. Inzwischen standen schon meine Schwiegereltern in unserer Wohnung. Irgendwie hatten sie gemerkt, dass der wortlose Telefonanruf von uns kam und dass wir in Schwierigkeiten steckten. »Was wollen die denn hier«, dachte ich, »die haben mir ja gerade noch gefehlt!«

Als wir ihnen dann zu erklären versuchten, wie es zu dem Streit gekommen war, entbrannte im Nu wieder ein heftiger Streit. Wir beschuldigten uns gegenseitig und schrien uns an. Es war, als könnten wir nicht anders, als beherrsche uns eine böse Macht. Plötzlich, ohne Ankündigung, fing Michaels Vater an laut zu beten und bat den Herrn Jesus, jetzt Ruhe zu schenken. Und tatsächlich, wir wurden still und konnten wieder normal reden.

Unsere Schwiegereltern erzählten uns dann, dass eine sogenannte Zelt-Evangelisation in der Nähe stattfinde und luden uns ein, mit ihnen hinzugehen. Ich hatte eigentlich nicht sonderlich Lust dazu. Aber Michael willigte nach seiner Begegnung mit Jesus im Wald (von der er weder mir, noch sonst jemandem etwas erzählt hatte) natürlich sofort ein.

Dank einer Simultanübersetzung hörte ich bei dieser Zelt-Evangelisation zum ersten Mal eine Predigt in meiner Muttersprache. Ich fand, dass der Mann die Wahrheit sagte, obwohl ich seine Einstellungen für ziemlich altmodisch hielt.

Gefunden

Zwei, drei Tage nach diesem Anlass meldete sich Miriam bei uns, Michaels Schwester. Sie war mir sehr sympathisch. Sie strahlte Freude und Frieden aus und ich dachte: »Die will uns wirklich helfen!« Sie erzählte uns, dass es in St. Gallen, einer Stadt etwa 30 km von uns entfernt, am Samstagabend einen Bibelkreis in spanischer Sprache gab. Dahin würde sie uns gerne einmal mitnehmen. Michael war ja seit neuestem immer für solche religiöse Sachen zu haben, er stimmte zu. Ich aber dachte: »Ausgerechnet Samstag, da ist doch immer am meisten los.« – »Na ja, so schlimm kann es ja auch nicht sein, einmal dahin zu gehen«, argumentierte eine andere Stimme in mir und so erklärte ich mich ebenfalls einverstanden.

Meine Reise abwärts lief ohne Hindernisse, wie geschmiert. Doch aufwärts – da ging es nur mit viel Widerstand. Auch diese gute Weichenstellung in meinem Leben hätte ich im letzten Moment beinahe zerstört.

»Was, heute Abend ist eine Party? Hast du etwa davon gewusst?« Ich war sehr aufgebracht. Es war der Samstag, an dem wir in den Bibelkreis gehen sollten. Nun fragte uns ein Freund, ob wir auch zur Party von XY gehen würden und Michael antwortete schnell, dass wir heute schon etwas anderes vorhätten und wollte dann schnell das Thema wechseln. Aber nicht mit mir! Als er meine zornige

Frage bejahte, fauchte ich ihn an: »Was, und du hast mir nichts gesagt! Spinnst du eigentlich? Meinst du, ich geh zu einem langweiligen Bibelabend, wenn heute Abend eine Party ist! Ich ruf sofort Miriam an und sage ab.« Während ich wütend am Telefon die Nummern eintippte, hörte ich meinen Mann sagen: »Du kannst ja machen, was du willst, aber ich finde es nicht in Ordnung, dass man in letzter Minute absagt, wenn man mit jemandem was abgemacht hat.« – »Gut, dann komm ich halt mit.« Ich knallte den Hörer auf: »Aber das ist das erste und das letzte Mal, dass ich dahin fahre.«

Von jenem Samstag an gingen wir jedesmal in den Bibelkreis. Ich weiß nicht mehr, über was dort gesprochen wurde, aber wir beide fühlten, dass wir dort am richtigen Platz waren. Wir spürten an diesen Bibelabenden einen Frieden, der uns auch die ganze Woche erleichterte. Das war für mich eine ganz neue Erfahrung: diese schlichten Bibelstunden brachten mir mehr Erfüllung als die tollsten Partys.

Nach etwa einem Monat, es war inzwischen September, hörte ich, dass am nächsten Samstag keine Bibelstunde sei, weil die meisten ans »Campamento« (Camp) in die Berge fuhren. Dieses Campamento war eigentlich ein Wochenende in einem christlichen Bergheim. Dort gab es Vorträge über den christlichen Glauben und es kamen außer aus unserer Gruppe auch Spanisch sprechende Leute aus anderen Städten der Schweiz.

»Da will ich auch hin!« Neugierig und entdeckerfreudig wie ich bin, wollte ich mir diese Gelegenheit nicht entgehen lassen, etwas Neues zu erleben. Meine Spontanität stellte die Organisatoren vor ein Problem, denn der Anmeldeschluss für dieses Wochenende war längst vorbei und alle Plätze bereits belegt. Doch die wohlmeinenden Christen wollten uns nicht enttäuschen und so waren wir am nächsten Wochenende mit Michaels Schwester und deren Freundin unterwegs in die Berge. Während wir durch die traumhaften Schweizer Alpen kurvten und spanische christliche Lieder hörten, waren wir bereits voller Vorfreude, gespannt, was uns dieses Wochenende bringen würde.

Am Freitagabend, beim Eröffnungsvortrag, stellte sich der Redner vor. Er erzählte, wie er zum lebendigen Glauben an Jesus Christus gekommen war, nachdem er zuerst jahrelang Mitglied der Zeugen Jehovas gewesen war. Das war ganz interessant, für mich jedoch nicht entscheidend. Im Lauf des Abends zitierte jemand einen Vers aus der Bibel, der für mich aus allem anderen herausstach. *»Kommt doch, wir wollen miteinander rechten, spricht der HERR: Wenn eure Sünden wie Scharlach sind, sollen sie weiß werden wie der Schnee; wenn sie rot sind wie Purpur, sollen sie wie Wolle werden«* (Jes. 1,18).

»Das ist genau das, was ich brauche! Ja, meine Sünden sind rot wie Blut, mein Leben ist voll damit. Sie belasten mich Tag und Nacht und es gibt nichts, womit ich sie ungeschehen machen kann. Und hier wird mir völlige Vergebung angeboten – das muss ich haben!«

Noch am gleichen Abend zeigte ich den Vers meinem Mann und sagte: »Das hat mich angesprochen und das will ich haben.« Am nächsten Tag redete ich mit Miriam und ihrer Freundin darüber und wir beteten dann zusammen. Doch der entscheidende Schritt geschah erst am Abend.

Nach dem letzten Vortrag wurde angekündigt, dass man Sonntagmorgen das Abendmahl feiern werde. Abendmahl? – »Da will ich auch dabei sein«, flüsterte ich Michael zu. Ich solle mit den verantwortlichen Leuten darüber sprechen, erwiderte er darauf und erklärte, das sei eine ernste Angelegenheit und da könne nicht einfach jeder so teilnehmen. Wenn's weiter nichts ist! Wir suchten nach dem Vortrag also die Leiter des Camps auf, um mit ihnen über diese Sache zu reden.

Da saßen wir nun zu viert. Max und Raimundo erklärten mir und meinem Mann, dass am Abendmahl nur Leute teilnehmen sollen, die sich für Jesus »entschieden haben«, das heißt, ihm mit ganzem Herzensentschluss nachfolgten. Wir beteuerten, dass das bei uns der Fall sei (na ja, in der Zeit waren wir immer noch fleißige Kiffer) und dass wir da jedenfalls gerne dabei wären. »Es ist einfach, hier oben an Jesus zu glauben. Aber wollt ihr ihm auch unten, in der normalen Welt, nachfolgen, wenn ihr wieder unter euren Freunden und Arbeitskollegen seid?«, forderten uns die Beiden heraus. Als erfahrene Christen hatten sie an solch christlichen Freizeiten schon genügend Scheinbekehrungen erlebt, die im Alltag keinen Bestand hatten. So wollten sie uns weise von einer voreiligen, nur auf Emotionen gegründeten Entscheidung abhalten. Es entwickelte sich ein längeres Gespräch. Je mehr die beiden jedoch versuchten, uns ein vorschnelles Bekenntnis auszureden, um so sicherer wurden sowohl ich, als auch mein Mann, dass wir uns wirklich mit Haut und Haaren Jesus ausliefern und ihm nachfolgen wollten.

Als Max und Raimundo sahen, dass unser Entschluss fest stand, fragten sie uns, ob wir denn schon ganz bewusst mit unseren Sünden gebrochen und uns im Gebet Jesus übergeben hätten. Mein Mann erzählte von seinem Erlebnis im Wald und dass er seither Jesus nachfolgen wolle. Auch ich erzählte von meinem Gebet am Morgen und von dem Bibelvers, der mich ins Herz getroffen hatte. »Wollt ihr eure Entscheidung hier und jetzt vor uns noch einmal festmachen?«, fragte uns Max mit einem eindringlichen Blick. »Es spricht eigentlich nichts dagegen, sicher ist sicher«, war unsere Antwort. So bekannten wir dem Herrn Jesus unsere Sünden (was uns so bewusst war) und baten ihn, in unser Leben zu kommen als Herr und Heiland. Als ich im Gebet meine Sünden bekannte, flossen mir die Tränen nur so übers Gesicht. Ich stockte oft, aber irgendwie schaffte ich es. Auch

Max und Raimundo beteten dann, aber an ihre Worte kann ich mich nicht mehr erinnern.

»Können wir nun am Abendmahl teilnehmen?«, hakte ich nach, als das Gebet zu Ende war. Wenn unsere Lebensübergabe an Jesus Christus aufrichtig gewesen sei, könne man eigentlich nichts dagegen einwenden, antworteten die Beiden. Nur sollten wir dann morgen in der Nachmittagsversammlung öffentlich Zeugnis geben von unserer Bekehrung, damit auch die anderen Leute erfuhren, was mit uns geschehen war. Wir waren damit einverstanden.

Auf dem Weg ins Bett war ich total froh. Ich spürte einen tiefen Frieden in meinem Herzen, etwas, was ich kaum beschreiben kann, vielleicht sind die Worte »eine heilige Erregung« die passendsten. Vor dem Schlafen bat ich Gott, mich doch rechtzeitig zu wecken, denn das Abendmahl begann schon um 7 Uhr und ich hatte keinen Wecker dabei. Bei einem Langschläfer und Morgenmuffel wie mir brauchte es da schon ein Wunder! Das Wunder geschah: Punkt 6 Uhr wachte ich auf und war sofort hellwach. Ich fühlte mich wie noch nie zuvor in meinem Leben, es erfüllte mich ein tiefer Friede und eine tiefe Freude. Michael ging es genau so.

Nachdem wir uns frisch gemacht hatten, schlichen wir zu zweit durch die langen Gänge des riesigen Bergheims. Alles war still, die meisten Teilnehmer des Camps schliefen noch. Einige wenige waren in einem kleinen Raum versammelt. In der Mitte auf dem Tisch lag Brot und Wein. Wir nahmen zum ersten Mal in unserm Leben am Abendmahl teil. Es war ganz und gar unspektakulär. Einige lasen ein paar Bibelstellen vor, einige beteten, wir sangen ein paar Lieder und nahmen Brot und Wein. Doch für mich war das Ganze ein unbeschreibliches Glück.

Ohne viel zu verstehen, wusste ich, dass ich am Ziel meiner Reise angekommen war. Ich hatte den *Sinn des Lebens* gefunden: Heim kommen zu Gott. Ja tatsächlich, ich fühlte, dass mir alle meine Sünden vergeben waren. Sie waren weg. Mein Konto, das eben noch blutrot war und mich schwer belastete, war nun schneeweiß.

Meine Freude war doppelt, weil es Michael genau gleich erging. Unter dem Heim lag dicker Nebel, hier oben war die Luft klar und hell und etwa so fühlten wir uns, als schwebten wir in den Wolken. Es war, als wären wir nach jahrelanger Tunnelfahrt endlich ans Licht gekommen. Alles, was wir sahen, schien uns wie das Paradies: die Menschen, die Natur, die Bibelworte, die Gebete, alles.

Als ich am Nachmittag aus meinem Leben erzählen sollte, brach ich nach wenigen Worten in Tränen aus und konnte nicht viel sagen. Mein Mann nach mir erzählte voller Freude, wie er sein Leben lang vor Jesus davongelaufen, nun aber von ihm gefunden worden sei. Er schloss mit dem Bibelwort: *»Darum, ist jemand in Christus, so ist er eine neue Kreatur; das Alte ist vergangen, siehe, es ist alles neu geworden!«* (2. Kor. 5,17).

Dieser Vers schien wie für uns geschrieben worden zu sein. Alles war neu. Als wir am Sonntagabend nach Hause kamen, stellten wir erstaunt fest, dass immer noch ein Klumpen Haschisch auf dem Tisch lag. Das hatten wir total vergessen. Wir schauten uns gegenseitig an und sagten wie aus einem Mund: »Das brauchen wir ja jetzt nicht mehr, jetzt wo wir Jesus haben.« Wir versorgten den Klumpen in einer Truhe und gingen schlafen. Wir hatten ja Erfüllung gefunden, jetzt mussten wir sie nicht mehr woanders suchen. So einfach war das. Beide rauchten wir schon jahrelang täglich Haschisch. Sich ohne Joint schlafen zu legen, das gab es bei uns einfach nicht. Aber all das war wie weggeblasen. Gleich zu Beginn unseres neuen Lebens mit Jesus erfuhren wir, dass die Worte der Bibel nicht nur leere Worte sind, sondern dass in ihnen Kraft und Leben ist.

Alles war neu. Die Woche darauf besuchte uns ein Freund, der mehrere Monate in Mexiko verbracht hatte. Als er einen Joint drehte und wir ihm sagten, dass wir nicht mehr rauchten, weil unser Leben jetzt Jesus gehörte, reagierte er sehr überrascht. Er sagte, dass er sofort gespürt habe, als er seinen Fuß in unsere Wohnung setzte, dass etwas anders wäre. Es war ihm vorgekommen, als würde ein anderer, positiver Geist in dieser Wohnung sein. Da hatte er allerdings Recht. In uns wohnte nämlich jetzt der Geist Gottes. Der Geist des Friedens und der Freiheit. Deshalb brauchte ich keine Drogen mehr, denn der Friede, den mir Jesus täglich gab, war weit besser als alles, was Rauschgift mir bis jetzt vermittelt hatte.

Ein neues Leben

»Es ist fast zu schön um wahr zu sein« sagte ich Michael wenige Wochen nach unserer Umkehr zu Gott. Es war fast nicht zu glauben, dass so etwas, wie wir es erlebten, wirklich wahr sein konnte. Doch der Friede und die Freude blieb. Es war nicht wie bei den Drogen, wo mit der Zeit die frustrierende Ernüchterung einsetzte.

So wuchsen wir in unser neues Leben hinein. Fleißig lasen wir unsere Bibeln (wir lasen ja auch schon vorher ab und zu), redeten mit Gott über unser Leben und schlossen uns auch schon bald einer christlichen Gemeinde an. Einige unserer alten Freunde akzeptierten unseren Glauben, ganz nach dem Motto: wenn es euch hilft, dann ist es sicher gut für euch, aber mich interessiert es nicht. Andere jedoch gingen uns aus dem Weg und gaben sich genervt. Davon ließen wir uns nicht allzu sehr irritieren, man sah an den verschiedenen Reaktionen ja nur, wer wirklich unsere Freunde waren.

Die harte Umstellung

Ende gut – alles gut? Nein, ein Leben mit Jesus ist kein Märchen und eine Beziehung zu Jesus löst auch nicht auf einen Schlag alle Probleme. Ein Problem war tatsächlich auf einen Schlag gelöst – nämlich mein allergrößtes, mein Sündenproblem. Meine Sünden, die mein Gewissen all die Jahre belastet und die mich Gott entfremdet hatten, die waren weg. Damit hatte ich die Grundlage, um überhaupt all die andern Probleme, die sich in meinem Leben aufgetürmt hatten, lösen zu können. Durch die Bibel konnte ich nun Gottes Gedanken über das Leben kennen lernen, im Gebet konnte ich Gottes Kraft in Anspruch nehmen, in der christlichen Gemeinde fand ich den benötigten menschlichen Zuspruch und der Geist Gottes, der jetzt spürbar in mir wohnte, warnte mich vor falschen Wegen und gab mir in Schwierigkeiten die Gewissheit, dass ich letztendlich doch als Sieger aus dem Kampf hervorgehen würde.

Ja, die Grundlage hatte ich, aber nun begann für mich eine harte Lehrzeit. Denn ich hatte vieles zu lernen und das in sehr kurzer Zeit.

Unsere Ehe war, wie ich es vorher beschrieben habe,

ein einziger Trümmerhaufen. Wir hatten es nie gelernt, Konflikte zu lösen und Konflikte gab es natürlich weiterhin. Es war uns in Fleisch und Blut übergegangen, dass wir bei Meinungsverschiedenheiten laut wurden und einander alles Mögliche an den Kopf warfen. Es fiel uns sehr schwer dieses Verhalten zu ändern, und es verursachte noch lange viele Schmerzen in unserer Ehe. Auch die Beziehungen, die ich vor meiner Heirat mit andern Männern gehabt hatte, haben tiefe Wunden in meine Seele geschlagen. Viele dieser Wunden belasteten sowohl mich, als auch unsere Ehe noch jahrelang.

Dann war da noch Michael, der Mann, den ich aus Liebe geheiratet hatte. Er war auch kein Engel. Er war vielmehr, wie ich feststellen musste, trotz all seiner Liebe zu mir ein ziemlich extremer Typ. War er vorher ein vergifteter Heavy-Metal Freak gewesen, so schlug er jetzt ziemlich ins andere Extrem. Wenn es um den Glauben ging, hatte er nun ganz hohe und strenge Ideale. Das kam mir meist ziemlich übertrieben vor, sicher auch deshalb, weil ich in seinem Leben oft nur wenig sehen konnte von Friede, Freude, Geduld und all den anderen guten Dingen, welche die Bibel die Früchte des Geistes nennt.

Dazu kam noch, dass er das Gefühl hatte, mich bevormunden zu müssen. In diesem Gefühl wurde er gehörig bestärkt, als wir über Weihnachten meine Familie in Madrid besuchten. Kaum war ich nämlich in meiner alten Umgebung, war ich wie von einer unsichtbaren Macht getrieben, wieder das gleiche zu tun, was ich immer getan hatte. Ich kaufte Heroin und sniffte jeden Tag eine kleine Dosis. Es war furchtbar. Schon auf der Heimreise bekannte ich Michael alles und bat Jesus um Vergebung. Nach diesem Ereignis war er natürlich überzeugt, dass er mir nur helfen würde, wenn er mir ständig sagte, was ich tun und lassen sollte.

In dieser Zeit fühlte ich mich oft einsam und unverstanden. Wer als Spanierin in der kalten Schweiz leben muss, hat es ja an sich schon schwer genug, um das gefühlsmäßig zu verkraften. Aber ich musste außer der neuen Sprache und Mentalität noch viel, viel mehr lernen.

Als Kind wurde ich nie zur Verantwortung erzogen und als Teenager floh ich mit Drogen vor der Realität. Was hatte ich bis jetzt vom Leben gelernt? Mein Lebensstil war seit ich denken konnte: *Ich will machen was **ich** und wie **ich** will. Ob das klug ist oder nicht, das interessiert mich nicht!* Ich dachte nie an morgen, sondern lebte immer nur aus dem momentanen Empfinden heraus. Doch jetzt war ich verheiratet, ich konnte nicht mehr *immer* tun, was ich wollte. Jetzt gehörte ich zu Jesus und hatte ihm zu gehorchen und nicht mehr meinen Empfindungen. Jetzt hatte ich meine eigene Wohnung, musste kochen, Miete, Strom und Wasser zahlen, und das wiederum hieß Arbeiten gehen und mit dem Geld sinnvoll haushalten. Das alles war mir furchtbar steil!

Mit dem Geld haushalten zum Beispiel, das war mir völlig fremd. Und so waren die Finanzen immer wieder ein Punkt, wo wir uns in die Haare kriegten. Ich war es gewohnt, das Geld, das in meiner Tasche war, einfach auszugeben. Ob etwas teuer oder günstig war, darauf schaute ich nicht so sehr. (Wie jeder Junkie hatte auch ich jahrelang mit großen Geldbeträgen jongliert, um meine Sucht zu finanzieren. Da verliert man mit der Zeit alle gesunden Relationen.) Doch Michael, ein sehr genauer Schweizer, (manchmal befürchte ich, dass auch noch eine schottische Ader in ihm fließt) erklärte mir, dass man auch Geld sparen muss, nicht nur um Ende des Monats die Rechnungen begleichen zu können, sondern auch um die jährlichen Staats- und Gemeindesteuern zu bezahlen; ganz zu schweigen von dem Geld, das man sich noch zusätzlich zurücklegen sollte für Urlaub und größere Anschaffungen … »Hilfe!« Wie gesagt, in diesem Punkt kriegten wir uns oft in die Haare.

Und dann jeden Tag früh aufstehen. Jeden Tag! Aufstehen wenn es noch dunkel ist, nur um dann an der Arbeit von einer griesgrämigen Chefin zur Schnecke gemacht zu werden. Ich kann nicht mehr! »Michael, heute geh ich nicht zur Arbeit, ich glaub ich bin ein wenig krank!«

Meine erste Arbeitsstelle verlor ich nach einigen Wochen. Auch bei der zweiten ging es nicht lange gut. Bei der dritten dachte ich: »Da halte ich es keine 3 Monate aus!« Doch langsam lernte ich in der »Schule Gottes«. So nenne ich diese Zeit der harten Umstellung. Ich blieb in dieser Firma, bis Gott mich an einen anderen Ort führte.

Ich blieb dort, obwohl meine Arbeit wirklich nicht gerade attraktiv war: am Fließband Ketten für Kettensägen zuschneiden. Das war meine tagtägliche Beschäftigung, zusammen mit 5 anderen Frauen, die (wie ich) ziemlich giftig sein konnten. Anfangs hätte ich mich mit meiner Vorgesetzten fast geprügelt und die Dienstälteste, eine frustrierte, geschiedene Frau, ließ mir einmal die Luft aus den Fahrradreifen. Als ich aber nach Jahren die Firma verließ, waren wir alle gute Kolleginnen und es tat uns allen Leid, dass wir auseinander gehen mussten.

So lernte ich in vielen mühsamen, kleinen Einzelschritten zuerst einmal ein normales Leben zu führen und dazu noch ein christliches. Aus dem Total-Egoisten, der 24 Stunden am Tag nur an sich selbst dachte, wurde langsam ein Mensch, der auch die Wünsche anderer respektierte, Frieden dahin brachte, wo Streit war und anderen glaubwürdig erzählen konnte, dass man nur bei Jesus Rettung finden kann – für dieses Leben und auch für das Leben nach dem Tod.

Um anderen Menschen wirklich weiterhelfen zu können, braucht man ein persönliches, geistliches Leben, eine tiefe Beziehung zu Gott. Die hatte ich auch nicht auf einen Schlag mit meiner Umkehr. Vielmehr dauerte es Jahre, bis sich so eine Beziehung entwickelte.

Am Anfang verstand ich mehr oder weniger nur einen Vers der Bibel: »Wenn eure Sünden rot wie Karmesin sind, wie Schnee sollen sie weiß werden.« Ich wusste, dass ich das brauchte und haben wollte. Wie hingegen ein Leben für und mit Gott aussah und vor allem wer Gott war, das war mir nicht sehr klar.

Zuerst tat ich verschiedene Dinge, weil ich von anderen hörte, dass ein Christ dies und jenes tut, oder eben nicht tut. Am meisten prägte mich da mein Mann und seine Familie. Sie waren es vor allem, die mir sagten, was Gottes Wille sei. Das war zwar einerseits hilfreich, weil es mir half, richtige Entscheidungen zu treffen und mich vor einigen Dummheiten bewahrte. Gleichzeitig war das jedoch auch ein Problem, denn Gottes Meinung war für mich oft nur Michaels Meinung oder ich war unsicher, ob Michaels Meinung nun wirklich auch Gottes Meinung war. Ich stand immer noch nicht auf eigenen Füßen. Das musste ich noch lernen, genau so, wie wenn ein Kleinkind das Gehen lernen muss.

Doch wie lernt man das, in seiner Beziehung zu Gott auf eigenen Füßen zu stehen? Da war z.B. das Rauchen. Jesus befreite mich mit einem Schlag von meiner Drogensucht, ich hatte kein Bedürfnis mehr Drogen zu nehmen, aber mit den Zigaretten war das eine andere Sache. Ich rauchte weiterhin und ich liebte es zu rauchen. Michael ermahnte mich: »Rauchen ist wirklich nicht gesund. Das will Gott bestimmt nicht und schau was hier steht: ›*Wisset ihr nicht das ihr Gottes Tempel seid und der Geist Gottes in euch wohnt?*‹ *(1. Kor 3,16)*. Der Heilige Geist hat bestimmt keine Freude, wenn du dir die Lungen mit giftigem Rauch füllst.« Michael sagte: »Gott sagt …« Das war mein Problem, das war mir furchtbar steil. Es leuchtete mir ein, dass mein Mann Recht hatte, aber überzeugt war ich trotzdem nicht. Ich versuchte aufzuhören, schaffte es aber nicht. Versuchte es wieder, vergeblich. Dann rauchte ich heimlich, um wenigstens vor andern gut dazustehen. Das war wirklich ein Krampf.

Schließlich aber merkte ich, dass es wirklich auch der Wille meines Herrn und Erretters war, dass ich meinen Körper nicht weiter mit dieser sinnlosen Sucht zerstörte (immerhin war mein Vater vor wenigen Monaten an Lungenkrebs gestorben!). In mir tobte ein Kampf: ich will Jesus gehorchen, aber ich will nicht auf meine geliebten Zigaretten verzichten! Endlich bat ich Jesus unter Tränen und auf Knien, er möge mich doch von dieser Sucht befreien. Und dann hatte ich Sieg. Ich hörte auf zu rauchen und schon bald freute ich mich über diese neue Freiheit.

Solche Erlebnisse führten dazu, dass ich Gott und seine Kraft persönlicher kennen lernte. Auch das regelmäßige Bibellesen half mir allmählich, mein eigenes, geistliches Leben zu haben. Mehr und mehr stand ich auf eigenen Füßen und wusste nicht nur, *was* ich glaubte, sondern auch *warum* ich es glaubte. Ich wurde ein Mensch, der seine eigenen Überzeugungen hat. Etwas, was ich nie in meinem Leben gehabt hatte.

Diese harte Umstellung, die harte Schule, wie ich es nenne, dauerte einige, lange Jahre. Trotz allem war es eine schöne Zeit. Denn in all den Kämpfen lernte ich Jesus besser kennen. Ich machte die Erfahrung, dass ich nie mehr allein war. Er gab mir immer wieder Trost, neue Kraft und neuen Mut.

Es wurde mir eine Freude für ihn zu leben, von unserem gemeinsam verdienten Geld einen Teil in die Mission zu geben und anderen Menschen von ihm zu erzählen. Letzteres brachte mir zwar meistens Spott ein, aber es gab auch Menschen, die hören wollten. Zum Beispiel Rosa, eine Arbeitskollegin: sie sagte mir, dass sie mehr von Jesus wissen wolle und bekehrte sich bald. Ein andermal sprach ich eine Südamerikanerin an, die auf der Straße Sachen verkaufte, auch ihr konnte ich eine Bibel schenken und sie mitnehmen zum Spanierkreis, bis sie ausgewiesen wurde und nach Peru zurückkehren musste.

HIV-positiv – der Schatten bleibt

Jesus hatte »alles neu« gemacht – galt das auch für meine Krankheit? Leider zeigte ein erneuter Test, dass das todbringende Virus immer noch in meinem Blut war. Konnte Gott diese Krankheit heilen? Ich zweifelte keinen Augenblick daran. Er hatte mich von meiner Sucht geheilt, warum nicht auch davon.

Ich hatte schon von einigen Christen gehört, die auf Gebet hin von schweren Krankheiten geheilt wurden. Aber ich wusste sehr wohl auch, dass Heilung nicht immer Gottes Wille ist. Ich hatte von dem Apostel Paulus gelesen, dass er von seinem »Pfahl im Fleisch« nicht befreit wurde, obwohl er Gott ernstlich dreimal darum bat. Mit meiner Schwägerin Miriam betete ich mehrere Male für meine Heilung. Doch mir schien, als würde mir Gott mit den selben Worten antworten, mit denen er damals Paulus geantwortet hatte. *»Lass dir an meiner Gnade genügen, denn meine Kraft wird in Schwachheit vollendet«* (2. Kor. 12,9).

Ich akzeptierte diese Antwort. Bis jetzt war ich ja gesund, und das obwohl schon einige Jahre vergangen waren seitdem das »Todesurteil« ausgesprochen worden war. Vielleicht wollte mir Gott noch viele Jahre Gesundheit schenken, trotz des Virus im Blut … Zudem musste ich erkennen, dass sich mein Leben seit ich infiziert war, paradoxer Weise vielmehr zum Guten gewendet hatte. Damals war nicht alles aus, wie ich gedacht hatte, sondern das wirkliche Leben fing erst an. Und ich merkte auch, dass mich die Krankheit näher zu Gott brachte. All dies betrachtet, musste ich zugeben, dass mir die Krankheit bisher mehr ein Segen als ein Fluch gewesen war.

Vielleicht wollte Jesus einfach bewirken, dass mir durch die Krankheit tiefer bewusst wurde, wie sehr ich Tag für Tag aus seiner Gnade leben konnte und von ihm abhängig war. Oft betete ich: »Herr, wenn eine Heilung meine Beziehung zu Dir verschlechtern würde, dann will ich nicht geheilt werden.« Falls ich doch einmal daran sterben müsste, dachte ich, so hatte ich ja keine Angst mehr vor dem Tod. Ich wusste, wohin ich gehen würde. Ich hatte Frieden. Der Vater im Himmel wusste um alles.

Damals erzählte ich nur wenigen Menschen von meiner Krankheit. Ich hatte Angst, auf Ablehnung zu stoßen. Diese Angst verstärkte sich noch, als unter den Christen ein Buch über das Thema Aids kursierte. Es war von einem gläubigen Doktor und Professor geschrieben. Er warnte darin eindringlich, dass die Ansteckungsgefahr bei Aids viel größer sei, als man das allgemein zugebe. Er »belegte« in seinem Buch, dass schon bei der Benutzung von gleichem Besteck Ansteckungsgefahr bestünde usw. Ich wusste, dass das nicht stimmte. War doch Michael, mit dem ich schon Jahre zusammenlebte, immer noch HIV-negativ. Miriam aber, die uns wirklich sehr liebte und bestimmt keine Vorurteile hatte, war durch dieses Buch sehr verunsichert. Das alles bestärkte mich natürlich nicht gerade darin, mit meiner Krankheit ans Licht zu kommen. Warum sollten durch unnötige Ängste viele Beziehungen getrübt werden? Auf der anderen Seite kamen Gedanken hoch wie: Was werden wir unseren Freunden sagen, falls die Krankheit doch einmal ausbricht? Werden sie uns dann

Vorwürfe machen, weil wir es ihnen die ganze Zeit verschwiegen haben? In dieser Weise belastete die Krankheit mich und meinen Mann schon.

Mit der Ehe und einem Leben frei von Drogen kam auch der Wunsch nach Kindern. Wie liebte ich Kinder und wie gerne hätte ich ein Kind von meinem Mann gehabt! Doch ich war HIV-positiv. Eine Schwangerschaft war mit hohem Risiko verbunden – für mich und für das Kind. Und obwohl ich nach einem Jahr nicht gleich gestorben war, konnte ich doch nicht wissen, wie lange ich noch leben würde. Ich musste meinen Kinderwunsch begraben. Das war für mich wie ein zweites Todesurteil.

Auf einmal schien es mir, als ob jede Frau schwanger sei. Wie beneidete ich sie! Dann musste ich wieder an meine Abtreibung denken. Ich hätte selbst ein Kind haben können, doch das ließ ich töten. Das war bitter und machte mich sehr verbittert. Bei Gott konnte ich mich nicht beschweren. Dass ich HIV-positiv war, hatte ich ja selbst verschuldet. Ich konnte mich nicht mehr freuen über das Leben. Jede schwangere Frau, jedes kleine Kind stachen mir ein Messer in die Seele und ließen Bitterkeit in mir hochkommen.

Wohin konnte ich mit dieser Not gehen, als nur zu meinem Herrn. Im Gebet schüttete ich ihm mein Herz aus, nicht nur einmal, immer wieder. Und es wurde deutlich, dass Jesus der auferstandene, lebendige Herr ist, der

Heiland, der heute noch heilt. Er zeigte mir, dass ich mit ihm auch ohne Kinder glücklich sein kann. Er machte mir klar, dass er einen Plan für mein Leben hat, einen vollkommenen Plan und das seine Wege für mich das Allerbeste beinhalten – ob mit oder ohne Kinder. Ich erlebte vollkommene Befreiung und konnte mich wieder über jedes Kind und mit jeder schwangeren Frau *von Herzen* freuen!

Eine weitere Befreiung erlebte ich, als wir beschlossen, jedem Mitglied unserer Gemeinde in einem persönlichen Gespräch von meiner Krankheit zu erzählen. Wir taten das mit ziemlicher Sorge. Waren unsere Glaubensgeschwister richtig aufgeklärt über Aids oder würden sie mit falschen Ängsten reagieren oder gar mit Anschuldigungen?

Unsere Befürchtungen waren umsonst. Nicht einer reagierte negativ oder war seit dem weniger herzlich zu mir oder ängstlich wegen seiner Kinder. Einige fingen sogar an zu weinen, weil sie mich so sehr liebten. Einmal mehr durfte ich den Sieg christlicher Liebe erfahren und wurde so durch meine Glaubensgeschwister sehr gestärkt.

Heute bin ich viel freier, wenn es darum geht, von meiner Krankheit zu reden. Natürlich werfe ich es nicht jedem wildfremden Menschen an den Kopf. Aber alle, die ich zu meinen Freunden zähle, werde ich früher oder später davon in Kenntnis setzen.

Der Ruf in ein fremdes Land

Das Leben mit Jesus machte mir Freude. Er hatte mich von den Drogen befreit, mir einen Mann geschenkt, den ich liebte und mir die Angst vor dem Tod genommen. Nur schon aus diesem Grund war es für mich selbstverständlich, dass ich anderen Leuten von ihm erzählen wollte. Dankbarkeit war ein weiteres Motiv, gerne *für ihn* zu leben. Neben dem Engagement in unserer christlichen Gemeinde benutzten wir einen Teil unseres Urlaubs, um Christen und Missionare im Ausland zu besuchen. Das war eine große Erfahrung für mich, wenn ich mich mit Leuten, die ich vorher nie gesehen hatte, im Nu so tief verbunden fühlte, als wären sie meine Brüder und Schwestern. (Tatsächlich sind sie es ja auch. Die Bibel lehrt, dass jeder, der Jesus annimmt, ein Kind Gottes wird und zur großen Familie der Christen gehört, ganz gleich welcher Hautfarbe oder Nationalität er angehört). Auf unseren Besuchen im Ausland erlebte ich die Realität dieser Wahrheit. Was für ein Unterschied zu früher, wo man selbst langjährigen Freunden nicht vertrauen konnte!

Weiterhin fuhren wir jährlich auch zu Bibelfreizeiten. Während einer solchen Freizeit, im Sommer 1994, bekamen mein Mann und ich einen entscheidenden Anstoß, der unser Leben wiederum in ganz neue Bahnen lenken sollte.

Wir hatten uns also wieder einmal eine Woche Urlaub genommen, um Gemeinschaft mit anderen Christen und

Vorträge aus Gottes Wort zu genießen. Wie jedes Jahr waren verschiedene Missionare zu Gast und berichteten über die Arbeit in anderen Ländern. Von diesen Berichten war ich sehr angesprochen. Immer wieder hörte ich, wie dringend überall Leute gesucht würden, die den Menschen etwas über Gott und sein Wort erzählen könnten. Mein Mann hielt oft Bibelstunden und Vorträge in unserer Gemeinde – sollte es Gottes Wille sein, dass auch wir uns in ein fremdes Land aufmachten, um da die frohe Botschaft von Jesus Christus zu verkündigen?

Schon länger betete ich, dass mir Gott doch zeigen möge, was sein Wille für mein Leben sei. Interessanterweise hatte Michael die gleichen Gedanken wie ich als er diese Berichte hörte. Wir fühlten wir uns gedrängt gemeinsam Gott zu sagen, dass wir bereit seien ins Missionsfeld in ein fremdes Land zu gehen, falls er das von uns haben wolle.

Das Leute gebraucht wurden, war uns ganz klar. Aber ob ausgerechnet wir dazu ausersehen wären, das war uns nicht klar. Wir waren ja selbst erst wenige Jahre mit Jesus unterwegs und hatten auch unsere eigenen Probleme. Auf der anderen Seite lernten wir an dieser Freizeit junge Leute kennen, die bereit waren für Gott loszuziehen. Ein junges Ehepaar wollte schon in Kürze in den Kongo ausreisen und ein junger Mann berichtete von der Arbeit in Kroatien, das damals noch mitten im Krieg war. Wir hatten das Gefühl, dass Gott auch uns in die Mission rief.

Aber die Frage blieb, war das Gott oder waren es einfach unsere Empfindungen? Gott würde es uns schon klar machen – zu seiner Zeit. Unsere Aufgabe war es nun, einfach in dieser Sache zu beten. Anderen Christen wollten wir vorerst noch nichts von unseren Gedanken sagen. Die Sache sollte erst noch reifen. Seit dieser Freizeit betete ich jeden Tag, dass uns Gott Klarheit geben sollte.

Ein Jahr später, ich war immer noch in dieser Sache auf der Suche nach göttlicher Weisung, hatte Michael die grandiose Idee, im Sommerurlaub seiner Schwester Miriam bei den Umbauarbeiten zu helfen. Im Urlaub arbeiten! Ich war gar nicht begeistert, wir arbeiteten ja das Jahr über schon genug. Ein Badeurlaub in Mallorca, so wie letztes Jahr, hätte mir mehr zugesagt. Doch diesmal blieb Michael stur. Bei seiner Schwester gab es noch einen Holzboden zu verlegen und es lag auf der Hand, dass er als gelernter Bodenleger da mit anpacken sollte.

Also gut. Wir fuhren zu Miriam nach Salzburg (vor einigen Jahren hatte sie geheiratet und wohnte nun in Österreich.) Meine zwei sauer verdienten Wochen Urlaub sollten also ziemlich ereignislos werden …

In diesem »Urlaub« lud uns Andreas, ein Freund meines Schwagers, zum Mittagessen ein. Er war, genauso wie mein Schwager, Lehrer an einer praxisorientierten Bibelschule. Während des Essens fragte ich dann so aus dem Bauch heraus, ob er sich vorstellen könne, dass die Schule, wo er unterrichte, auch etwas für uns sein. »Das kann ich mir gut vorstellen«, war seine Antwort.

Dieses kurze Gespräch blieb nicht ohne Folgen. Wiederum waren Michael und ich einer Meinung. Wir hatten das Gefühl, dass Gott wollte, dass wir diese Schule besuchten. Wir beteten. Immer deutlicher schien es uns Gottes Wille zu sein. Also fragten wir die Leiter unserer christlichen Gemeinde, was sie davon hielten. Nachdem sie für die Sache gebetet hatten, gaben sie uns »grünes Licht«. Wir füllten die Unterlagen aus und schickten sie nach Österreich.

Nun folgte banges Warten. Würden sie uns annehmen? Wenn ja, dann mussten wir unsere Arbeitsstelle und unsere Wohnung kündigen. War das wirklich der richtige Weg? Ich hatte keine Angst, denn wir hatten ja so viel gebetet und auch die Gemeindeleitung um Rat gefragt, und immer noch konnte Gott ein rotes Stoppsignal geben, z.B. indem wir einfach nicht angenommen wurden. (In dieser Intensivschulung gibt es pro Jahr nur Platz für acht Schüler).

Dann im Januar 1996 kam die Antwort: wir konnten an dem Lehrgang 96/97 teilnehmen! Der »ereignislose« Arbeitsurlaub brachte mein Leben definitiv in neue Bahnen. Nun wurde es also ernst: unsere Jobs mussten gekündigt werden. Würden wir wieder eine Stelle finden, wenn wir nächstes Jahr zurück kämen? Auch unsere schöne Wohnung mussten wir kündigen. Wie würde es werden, wenn die Schulung beendet war? Würden wir zurück kommen? Oder vielleicht auch nicht? Werden wir nach dieser Ausbildung direkt ins Ausland gehen? Wir hatten keine Ahnung, doch wir vertrauten einfach Gott, dass er uns recht führen würde. Das Leben war jetzt plötzlich sehr spannend und so erfüllt. Wir waren voller Erwartungen, was für großartige Dinge wir mit unserm Gott erleben würden. In diesen letzten Monaten in der Schweiz schien er uns ganz nah zu sein.

Auf nach Salzburg! Wieder in ein anderes Land. Zum zweiten Mal wechselte ich meine Heimat. Österreich gefiel mir sehr gut. In der Schule lernte ich so viele neue Dinge. Und immer gab es etwas zu tun: Umfragen an der Uni starten, Leute besuchen, in Bibelgesprächsrunden erzählen, wie ich zu Jesus gefunden hatte. Die Schulung war sehr vielseitig und die christliche Gemeinde, die in der Nähe der Schule war, sehr lebendig. Mir kam es so vor, als ob hier die Christen viel mehr Lebensfreude genossen, als ich es von unserer Gemeinde in der Schweiz gewohnt war. Man ging irgendwie natürlicher und offener mit den Menschen um. Zudem waren die Menschen hier viel offener für Gottes Wirken. Durch all das wurde ich sehr ermutigt. Die Botschaft von Jesus Christus erlebte ich mit neuer Eindrücklichkeit, mir wurde bewusst, dass Jesus noch viel größer ist, als ich ihn bisher kennen gelernt hatte.

In diesem Jahr wurde mir klar, dass Jesus uns so annimmt, wie wir sind. Das wusste ich zwar schon vorher, aber unbewusst schleppte ich doch die Meinung mit mir herum, dass man als Christ eben »so und so« sein müsse, dass wir gute Christen sind, wenn wir einer bestimmten Schablone entsprechen. Jetzt begriff ich: mein Schöpfer will, dass ich ihm diene so wie ich bin, so wie er mich geschaffen hat. Er will, dass ich, sein Geschöpf, ihm Ehre mache mit meiner speziellen Eigenart. Diese Erkenntnis war für mich sehr befreiend.

Keine Zeit hat nur Sonnenseiten. Manchmal war es auch stressig. Besonders als ich nebenbei noch den Führerschein machte. Den Führerschein – also so was – Alicia lernt Auto fahren! Für mich war das eine große und schwierige Sache. Denn außer der Pflichtschule hatte ich in meinem Leben noch nie eine Ausbildung abgeschlossen. Zudem hatten wir ja auch kein Geld, weil wir ja an dieser Schule waren und nichts verdienten. Nie wäre ich auf die Idee gekommen, den Führerschein zu machen. Doch ein Lehrer der Bibelschule ermutigte mich dazu. Das Geld? In der Gemeindekasse lagen immer wieder Kuverts mit Geld für uns von anonymen Spendern.

Und die Zukunft? Je mehr wir in der Schule lernten, desto mehr kamen wir zu der Überzeugung, dass es eigentlich besser wäre, vorerst in die Schweiz zurückzukehren. Wir wollten wieder einer geregelten Arbeit nachgehen und all das Gelernte in unserer Heimatgemeinde anwenden. Doch wieder sollte es anders kommen, als wir gedacht und geplant hatten.

Die Fähre, auf der wir nach Bosnien übersetzen, macht nicht gerade einen sicheren Eindruck. Ich habe keine Lust hier den Fluss runtergespült zu werden, auf der anderen Seite macht mir die spannende Fahrt schon Spaß. Andreas, mit dem wir runterfahren, ist ja schon mehrmals hier gewesen. So gefährlich kann es also gar nicht sein.

Es ist Ostern. In Bosnien liegt immer noch Schnee. Der Friedensvertrag ist gerade ein gutes Jahr alt und das Land sieht aus, als hätte man gerade gestern noch gekämpft. Die Brücken sind zerstört, überall Militär, die Häuser oft bis auf die Mauern niedergebrannt. Plötzlich nimmt uns ein heller Scheinwerfer die Sicht. Wir können nur noch Schritt-Tempo fahren.

Zum Glück ist es nur ein Stützpunkt der IFOR, der internationalen Friedenstruppen. Wir kommen uns vor wie in einem Kinofilm: Panzer, Sandsäcke, Stacheldraht, Wachtürme, Scheinwerfer. Ein Amy-Soldat mit Gewehr im Anschlag kontrolliert unsere Pässe, funkt unsere Namen durch – wir können weiter fahren. Alles ist unheimlich und abenteuerlich.

Doch nicht Abenteuerlust trieb uns zu dieser Fahrt nach Sarajevo, sondern der Wunsch, vielleicht Klarheit zu bekommen, ob dort der uns von Gott zugewiesene Platz war. (In der Bibelschule hatten wir oft für Sarajevo gebetet, die Stadt, die fast vier Jahre belagert und zerbombt worden war. Vor einem Jahr waren uns bekannte Christen dorthin gefahren – mit humanitärer Hilfe und christlicher Literatur. Sie hatten Vorträge organisiert und prompt gab es einige Dutzend Menschen, die Interesse bekundet hatten, mehr zu hören. Seitdem fuhr immer wieder jemand hin um Hilfe zu bringen und Bibelstunden zu halten. Aber Sarajevo lag nicht gerade »auf dem Weg«. Es war nötig, dass jemand dort beständig wohnen würde, um den Interessierten weiterzuhelfen. Sollten wir diese »Gesuchten« sein? Als wir vor einiger Zeit in Kroatien Einladungen zu Bibelvorträgen verteilten, fragten wir uns damals schon, ob wir selbst vielleicht einmal in dieser Region wirken würden.)

Es ist mitten in der Nacht. Es brennt kaum ein Licht in Bosniens verschneiter Hauptstadt. Das Haus, wo wir schlafen sollen, ist verschlossen. Auch das noch! Wir fahren durch die Stadt, um den Jungen zu finden der vergessen hat, den Schlüssel zu hinterlegen. Scharen von Polizisten durchkämmen die menschenleeren Straßen. Ich weiß nicht, ob das beruhigend oder beängstigend ist. Die Ruinen zerschossener Wohnblocks wirken bedrohlich. In einem dunklen Quartier hält Andreas vor einem Wrack, das einmal ein Wohnblock war. Tatsächlich, er geht hinein, hier drin wohnen also noch Leute – der Junge mit dem Schlüssel.

So lange es geht, schlaf ich aus. Das Bett, in dem ich liege, ist schöner als man es dem vergammelten Haus zugetraut hätte. Während und nach dem Frühstück lass ich mich von warmer Luft anblasen. Die kleinen Elektro-Öfen sorgen wenigstens für ein bisschen Wärme in dem kalten Haus. Heute werden wir einige Leute besuchen und am Abend ist eine Bibelstunde, die mein Mann halten soll.

Andreas kennt bereits viele Leute in Sarajevo. Auf der einen Seite der Altstadt gehen wir den steilen Hügel hinauf, um eine Frau zu besuchen. Auf dem Hügel auf der anderen Seite der Stadt wohnt eine andere Familie. So gehen wir also kreuz und quer hinauf und hinunter und sehen einiges von der Stadt. Der Schnee deckt etwas von dem Schmutz zu. Aber an jeder Ecke sieht man stumme Zeugen der sinnlosen Gewalt, die hier die Menschen terrorisiert hat. Praktisch jedes Haus ist »verwundet«: Einschusslöcher von Gewehrkugeln und Granatsplittern, dann wieder ein riesiges Loch von einer Granate, ein ausgebranntes Zimmer, ein abgeschossener Balkon. Löcher auch in den Straßen, manchmal mit roter Farbe aufgefüllt, die an das Blut erinnert, das hier geflossen ist. Was wohl die Menschen, an denen wir vorübergehen, in ihrer Seele mit sich herumtragen müssen?

Bei einer moslemischen Familie werden wir dann herzlich aufgenommen. Es wird gehörig aufgetischt. Ich wundere mich über die Freundlichkeit. Man spürt nichts von dem Leid, das sie erlebten, keine Verbitterung. Die Gastgeberin war mit ihren Kindern und ihrer Mutter während des Krieges in Deutschland. So können wir uns auch gut mit ihnen in Deutsch unterhalten. Sie erzählt, wie sie alle mitten in der Belagerung nach Sarajevo zurückkehrten, weil sie gehört hatten, dass ihr Mann verwundet sei. Das ist alles sehr interessant und zugleich bin ich froh, dass mir das bosnische Essen schmeckt.

Im Laufe dieser Tage lernen wir dann auch die Leute kennen, die mehr von Gott erfahren möchten: alte und junge Leute. Als wir sie sehen, erinnern wir uns an die Worte der Bibel: »Diese sind wie Schafe die keinen Hirten haben.« Sollen wir diejenigen sein, die diesen Menschen den Weg zu Gott zeigen? Ist dies der Platz, der für uns richtig ist? »Alicia, könnest du dir vorstellen, hier zu wohnen?«, fragt mich Andreas. Na ja, diese Wohnung hat wirklich keinen Komfort. Die Möbel sind alt und dreckig. Es ist feucht. Wasser gibt es nur einmal am Tag – und das nur kalt. Das ist wirklich nicht gerade mein Stil. Trotzdem antworte ich: »Wenn es sein muss, könnte ich mir das schon vorstellen.«

Auch Michael denkt darüber nach, ob das wohl unser Platz sei. Wir beten darüber und haben Ruhe bei dem Gedanken. Doch wir wollen nichts überstürzen.

Die Stunde der Entscheidung

Langsam wurde die Zeit knapp. Im Sommer war der Lehrgang an der Schule zu Ende und wir wussten immer noch nicht, was wir nachher tun sollten. Täglich beteten wir um Führung. Mein Mann suchte Rat bei den Lehrern der Schule und natürlich auch bei den Leitern unserer Gemeinde. Sie alle meinten, dass sie sich gut vorstellen könnten, dass uns Gott nach Sarajevo schicken wollte und ermutigten uns zu gehen.

Nur ein Leiter forderte uns nochmals heraus, indem er fragte: »Schön, jetzt seid ihr motiviert, aber habt ihr euch auch überlegt, was ihr tun werdet, wenn es hart und eng wird? Werdet ihr dann immer noch den Glauben haben oder einfach wieder aufgeben? Ich kenne viele Missionare die nur noch seufzen, wie schwer das alles ist und so weiter. Das sind meine Befürchtungen!«

Natürlich hatten wir über solche Sachen nachgedacht! Das war es ja genau, was uns unsicher machte: Würden wir durchhalten? Wäre es uns nicht zu viel, allein im fremden Land? Im Gebet hatte ich Gott diese Bedenken längst mitgeteilt und er hatte mir durch sein Wort eine Antwort gegeben. In Josua 3,15-16 las ich: *»Und sobald die Träger der Lade an den Jordan kamen, und die Füße der Priester, welche die Lade trugen, in den Rand des Wassers tauchten, (der Jordan aber ist voll über alle seine Ufer die ganze Zeit der Ernte hindurch),* *da blieben die von oben herabfließenden Wasser stehen; sie richteten sich auf wie ein Damm. … Und das Volk zog hindurch, Jericho gegenüber. Und die Priester, welche die Lade des Bundes des HERRN trugen, standen festen Fußes auf dem Trockenen in der Mitte des Jordan; und ganz Israel zog auf dem Trockenen hinüber, bis die ganze Nation vollends über den Jordan gegangen war.«*

Das Volk Gottes hatte von Gott den Auftrag erhalten über den Jordan zu gehen, eigentlich eine unmögliche Aufgabe für sie. Aber Gottes übernatürliche Kraft ermöglichte es ihnen trotzdem, den Fluss unbeschadet zu überqueren. Doch wann lernten sie diese Kraft kennen? Erst als ihre Füße das Wasser berührten – erst dann. So wusste ich, dass mir der Herr die Kraft geben würde die ich brauche, aber erst dann, wenn ich sie brauchte.

Diese Zusage Gottes beschwichtigte meine Ängste. Auch gab es mir große Ruhe wenn ich sah, mit welchem Ernst mein Mann die Sache anging. Er wollte wirklich Gottes Willen tun und war nicht einfach von Abenteuerlust oder Enthusiasmus gepackt. Er betete immer wieder und suchte den Rat erfahrener Leute.

Gottes Wort sagte: »Geht!« Unser Herz sagte: »Geht!« Unsere Gemeindeleiter sagten: »Geht!« Erfahrene Männer sagten: »Geht!« Im Frühsommer 1997 stand unser Entschluss fest, nach Sarajevo zu ziehen. Nach vielem

Beten und vielem Lernen war es so weit. Was würden wir erleben? Würde Gott uns tatsächlich mit allem, was wir brauchten, versorgen?

Gottes Liebe führt weiter

In allem versorgt. Gleich von Anfang an zeigte uns Gott, dass er hinter uns stand. Mein Mann und ich hatten es uns zum Grundsatz gemacht, nie andere um Geld zu bitten. Jesus verspricht ja in der sogenannten Bergpredigt, das diejenigen, die vor allem für das Reich Gottes Sorge tragen, keinen Mangel haben werden. Wir wollten Gott ehren, indem wir ihn beim Wort nahmen. Wenn er verspricht für uns zu sorgen, dann brauchen wir keinem Menschen unsere Bedürfnisse mitteilen.

Über das, was wir so alles brauchen würden, hatten wir – ehrlich gesagt – kaum nachgedacht. Uns schien es so selbstverständlich, dass Gott sich darum kümmern würde. Wir hatten uns die ganze Zeit nur gefragt, ob wir die richtigen Leute für diese Aufgabe wären und ob es jetzt die richtige Zeit sei, zu gehen. Erst als wir darüber Klarheit hatten, sahen wir auf einmal, was für materielle Bedürfnisse es da zu decken galt!

Die Mieten in Sarajevo waren nach dem Krieg entsetzlich hoch, dazu kam noch, dass der Vermieter das Geld gerne zwei Jahre im Voraus gehabt hätte. Das war eine beträchtliche Summe und wir hatten nach unserem Jahr in der Schule keine Mark mehr »auf der Seite«. Was tun? »*Bittet, so wird euch gegeben.*« Wir sagten unserem neuen Arbeitgeber (Gott), welchen Betrag wir benötigten und schon nach kurzer Zeit waren 20.000.- DM auf unserem Konto eingegangen. Der oder die Spender dieses größten Betrages, den wir jemals bekommen haben, blieben anonym.

Eine zweite Sache, die uns nun plötzlich einfiel, war, dass wir ja ein Auto brauchten. »Nun also ein Auto brauchen wir auch noch, Herr«, betete Michael. Ich fügte schnell noch hinzu: »Aber bitte eines mit Servolenkung, Herr. Du weißt ja, dass ich gerade erst den Führerschein gemacht habe und mich gar nicht auskenne mit etwas anderem.« Mein Mann Michael fand es natürlich ein wenig unverschämt von mir, dass ich für den Luxus einer Servolenkung betete. Er meinte, ein Missionar müsste einfach mit dem zufrieden sein, was da ist und nicht noch alle möglichen Extrawünsche haben. Das war *seine* Meinung, doch ich sagte mir: was ich gebetet habe, habe ich gebetet.

Am Mittwoch hatten wir für das Auto gebetet, am Sonntag nach dem Gottesdienst kam ein freundlicher Mann auf uns zu. Er sagte, er habe gehört, dass wir in die Mission gehen würden und fragte uns, wann denn der voraussichtliche Ausreisetermin sei. »Mitte Juli«, erwiderten wir. »Das passt ja wie geschmiert!«, rief er aus. Darauf erklärte er uns, dass er und seine Frau vor einem halben Jahr beschlossen hätten, ihr Auto für Missionare zur Verfügung zu stellen. Sie müssten sich nämlich wegen des bevorstehenden Familienzuwachses ein größeres kaufen. Das neue Auto habe er bereits bestellt, der Lieferungstermin sei Mitte Juli, also genau dann, wenn wir ausreisen wollten. Wieder einmal war Gottes Timing phänomenal, seine Fürsorge überwältigend: er hatte ein Auto für uns besorgt, noch bevor uns einfiel, dass wir eins brauchten. Ein Auto, nicht irgendein Schrotthaufen! Als wir den Wagen sahen, staunten wir: Er sah aus, als wäre er nagelneu. Der treue Mann schenkte uns ein Auto, das in einem sehr guten Zustand war. Wir strahlten, mit so einer schnellen Gebetserhörung hatten wir nicht gerechnet. Doch ich konnte mir die Frage nicht verkneifen, die mir unter den Fingernägeln brannte: »Hat es eine Servolenkung?« Sie wurde mit einem liebevollen Lächeln bejaht.

Ja, Gott kann man wirklich beim Wort nehmen. Eine Frau aus der Gemeinde bot sich an, für uns die Krankenversicherung zu übernehmen, und auch für die Autoversicherung machte sich jemand stark. *»Euer Vater weiß, was ihr bedürfet.«*

Und meine Gesundheit? War sie nicht auch ein Bedürfnis? Weitere Bluttests zeigten, dass leider keine wundersame Heilung geschehen war. Ich war immer noch HIV-positiv. Meine Blutwerte hatten sich sogar weiter verschlechtert. Der Arzt riet mir dringend dazu, mit einer aufwendigen Therapie anzufangen. Doch wie sollte das gehen, wenn ich nun nach Bosnien zog? Wie sollte ich ständig die nötigen Blutkontrollen durchführen lassen? Hatte Gott mir nicht zugesagt, dass mir seine Gnade genügen solle? War ich nicht all die Jahre bei bester Gesundheit gewesen – auch ohne Medikamente? Warum sollte ich jetzt mit einer Therapie anfangen, deren Nebenwirkungen mich vielleicht krank machen würden? Warum sollte meine Krankheit ein Hindernis werden für die Missionsarbeit, zu der ich berufen war? Nein, meine Krankheit darf kein Hindernis werden für das Reich Gottes! Nach intensivem Gebet beschloss ich, weiter ohne Medikamente zu leben. Ich vertraute darauf, dass Gott mir die Gesundheit erhalten würde.

Obwohl ich wirklich darauf vertraute, gab es immer wieder Tage, wo mich die Angst packte. In Gedanken sah ich mich sterben, Abschied nehmen von meinem Mann, der mir mehr als alles in meinem Leben bedeutete. Solche Visionen erschütterten mich aufs Mark. Oft brach ich in Tränen aus und bekannte Michael meine Ängste. »Werde ich Jesus auch noch treu sein, wenn ich leiden muss? Werde ich dann mit meinem Verhalten ein gutes Beispiel sein?«, fragte ich weinend. In solchen

Momenten tröstete mich Michael und zeigte mir, dass es vollkommen falsch ist, so zu denken: »*Seid nicht besorgt um den morgenden Tag, denn der morgende Tag wird für sich selbst sorgen. Jeder Tag nun hat an seinem Übel genug*« (Mt. 6,34). »Wenn Gott nicht will, dass wir uns für die Zukunft sorgen, müssen wir es auch nicht tun. Was nützt es, wenn wir uns all das Schlimme ausmalen, was uns eines Tages treffen könnte? Er hat versprochen, uns alle Kraft zu geben, die wir brauchen, aber zu der Zeit in der wir sie brauchen werden und nicht vorher. Er gibt uns nicht Kraft für imaginäre Nöte einer ›dunklen Zukunft‹«, weiter sagte er: »Wir müssen alle einmal sterben, aber nur einmal, das ist genug. Wie dumm von uns, wenn wir aus Angst hundertmal sterben. Heute bist du gesund. Heute sind wir zusammen. Dann freu dich heute darüber. Wie schade, wenn wir alle Tage unseres Gesundseins traurig sind, weil wir uns fürchten, morgen krank zu werden.«

Ich begriff, dass ich falsch lag und gegen Gedanken dieser Art kämpfen musste, auch wenn es sehr schwierig war, gegen diese aufsteigenden Gedanken anzugehen. Sie sind einfach da und bevor du es merkst, beschäftigst du dich mit ihnen. Das Wissen, dass *Gott* nicht wollte, dass ich so denke, half mir in meinem Kampf. Ich sollte mich nicht mit Sorgen für das ungewisse Morgen zerfleischen. Ich musste lernen, was Paulus im 2.Korintherbrief schreibt, nämlich dass ich »jeden Gedanken gefangen nahm unter den Gehorsam Christi«.

Fing ich wieder an, mich in Bezug auf die Zukunft zu fürchten, sagte ich mir selbst: »Stopp, Gott will das nicht, höchstens der Teufel, der mich entmutigen will.« Im Gebet suchte ich Kraft, meine Gedanken zu kontrollieren und mit der Zeit hatte ich Sieg in dieser Sache. Ich konnte mich wieder des Lebens freuen – ohne Angst vor der Zukunft.

Liebe für ein fremdes Volk und einige neue Lektionen

Der Muezzin ruft zum Gebet. Ich drehe mich noch einmal um, mir ist es zu früh zum Aufstehen. Michael ist schon im Wohnzimmer. Mit dem feuchten Holz versucht er in dem alten Ofen ein Feuer anzumachen. Qualm, lüften, nochmals Qualm, wieder lüften und dann geht es langsam – es wird warm im Haus. Doch nun heißt es für ihn Wasser in die Kanister zu füllen. Das kostbare Gut fließt immer noch nur ein- bis zweimal am Tag. Immer am Morgen früh und meistens auch am Mittag. Das rationierte Wasser motiviert mich zum Aufstehen, solange es fließt, kann ich mit warmem Wasser das Gesicht waschen. Während ich meine Morgentoilette mache, holt Michael noch eine Kiste Holz herein. Der Ofen braucht den ganzen Tag über Betreuung.

Wir leben jetzt in Bosnien, in Sarajevo, der Stadt, wo Europa und der Orient sich die Hand geben. Kirchen und Moscheen zieren die gleichen Plätze. Häuser im österreichischen und türkischen Stil säumen die gleichen

Straßen. Diese Mischung gibt der Stadt einen besonderen Flair. Ich liebe diese Stadt. Ich liebe ihre Märkte mit dem saftigen Gemüse, dem vielen Trubel, den Verkäufern, die immer zu einem Spaß aufgelegt sind.

Vor dem Frühstück möchte ich noch meine Begegnung mit Gott haben, die Zeit, wo ich beim Beten und beim Lesen der Bibel versuche, seine Stimme zu hören. Dann um 10 Uhr kommt Sandra, unsere Sprachlehrerin. Eine unglaublich witzige und nette Person.

Es ist furchtbar! Die bosnische Sprache ist ein entsetzliches Gebilde aus nichts als Grammatik. Fälle, Fälle, nur Fälle und dann gibt es weibliche, sächliche und männliche Zahlen und bei vier ist man immer noch in der Einzahl! Heute bin ich wieder total frustriert, am Rand der Verzweiflung. »Ich höre auf. Das lerne ich nie. Macht ihr zwei ohne mich weiter.« Zum x-ten Mal ermutigen mich Sandra und Michael. Doch heute mag ich nicht mehr. Ich gehe raus. Warum muss ich schon wieder eine neue Sprache lernen. War Deutsch nicht schon schwer genug? Aber das hier ist noch viel komplizierter.

Um das Chaos perfekt zu machen, lerne ich bosnisch von der deutschen Sprache aus, deren Grammatik mir selbst bis zum heutigen Tag ein Rätsel geblieben ist. Ja reden, das macht mir Spaß, doch Grammatik lernen – nein Danke. Aber es ist zum verrückt werden, die Leute verstehen mich dauernd falsch, wenn ich nicht die richtigen Fälle und Verbformen gebrauche. Das ist frustrierend. Und überhaupt, das Reden mit den Leuten ist fast genau so anstrengend wie das Lernen. Nach zwei Stunden bei unserer Nachbarin Dervischa raucht mir jeweils der Kopf. Sie labert und labert und ich verstehe nicht einmal die Hälfte. Wenn ich ihr sage, sie solle langsamer reden, weil ich sie nicht verstehe, redet sie nicht langsamer, sondern einfach lauter!

So fühle ich mich in der ersten Zeit in Bosnien oft einsam, isoliert von den Menschen und weit weg. Weit weg, von der christlichen Gemeinde. Das ist wahrscheinlich das Schwerste von allem. Wie fehlt mir die Gemeinschaft, das gemeinsame Beten und Singen, das Feiern des Abendmahls am Sonntag. Nie hätte ich gedacht, dass ich all das so sehr vermissen würde und wie sehr es meinen Glauben in den vergangenen Jahren geprägt und gestärkt hat.

»Aller Anfang ist schwer!«

»Was werdet ihr tun, wenn es hart und eng wird?« »Dann wird uns Gott die Kraft geben, die wir brauchen.« Selbstverständlich, oder? Ein Gott, der für alle materiellen Bedürfnisse sorgen kann, der kann sicher auch für die Bedürfnisse der Seele sorgen.

Ja, in diesem fremden Land lernte ich meine Seele und ihre Bedürfnisse noch besser kennen. Wie war es möglich, dass sie nicht vertrocknete bei all den Schwierigkeiten? Wie behielt ich den Glauben, dass ich trotz allem am rechten Ort war? Nun, es war genau so, wie mir Gott durch sein Wort gesagt hatte. In dem Moment, als mein Fuß das Wasser berührte, wurde es trocken und zu einem Weg für mich. Das Wunder lässt sich kaum beschreiben, aber vom ersten Tag an fühlten Michael und ich uns in Bosnien zu Hause. Es war *unser* Land und die Leute waren *unsere* Leute. Diese tiefe Verbundenheit lässt sich mit nichts erklären. Nie fühlte ich vorher so etwas – weder als ich in die Schweiz gezogen war, noch als wir später in Österreich wohnten. Nur das fremde Bosnien war mir auf Anhieb vertraut und geliebt. Diese Liebe musste von Gott sein. Warum sollte mir ein Land auch nur sympathisch sein, das mir nur eine Bruchbude bot und eine Sprache, die mich zum Narren hielt? Nein, ich spürte, dass mir Gott die Liebe zu diesem Land und den Menschen gab. Diese Liebe war für mich der Beweis, dass wir am rechten Platz waren und gab mir die Kraft, diese schwere Anfangszeit zu überstehen.

Doch diese mühselige Anfangszeit war auch wieder eine wertvolle Schule für mich. Vielleicht wäre es unterhaltsamer von unserer abenteuerlichen Autofahrt auf einer »gottverlassenen«, eisigen Bergstraße zu erzählen, oder von unserer Konfrontation mit einer Gruppe bärtiger Fundamentalisten, die uns arg bedrängten, aber Geschichten gibt es viele, sicher auch spannendere, doch wie Gott die erste Zeit in Bosnien benutzte, um meinen

Charakter zu verändern, scheint mir viel wichtiger. Denn wenn es etwas gibt, was mich und mein Leben reich und damit auch erzählenswert macht, dann sind es weniger die vielen aufregenden Erlebnisse, sondern vielmehr Gottes Arbeit an mir selbst.

Es war für mich eine sehr demütigende Angelegenheit, die Sprache nicht zu können. Dadurch war ich völlig ausgeliefert, ich fühlte, dass ich nichts in der Hand hatte. Wir hatten mit Vermietern, Handwerkern und Polizisten zu tun. Normalerweise verhandelte Michael mit ihnen. (Als Frau wäre ich sowieso nicht ernst genommen worden.) Wie oft dachte ich dann: »Dieser Typ will uns doch nur übers Ohr hauen! Warum ist Michael so gutgläubig, da wäre doch ein wenig mehr Misstrauen angesagt.« In mir schrie es, doch ich konnte nichts tun. Konnte nicht einmal etwas sagen. Mein misstrauischer Gesichtsausdruck reichte jedoch oft aus, um die Lage zu verschlechtern. (Der Bosnier mag es nämlich nicht, wenn man ihm nicht traut.) Was konnte ich tun? Ich musste lernen, meine Sorgen Gott zu übergeben. Durch meine Krankheit hatte ich ja schon ein wenig Übung darin, jetzt musste ich aber lernen, dass auch unser Vermieter und all die anderen Leute in Gottes Hand waren, dass niemand uns betrügen konnte, wenn Gott das nicht zuließ. (Tatsächlich wurden wir in der ganzen Zeit dort noch nie betrogen, Vermieter, Handwerker und Beamte verhielten sich immer korrekt uns gegenüber.) Es fällt einem gar nicht so leicht, die Sorgen Gott zu übergeben, doch hier *musste* ich es einfach lernen, weil mir meine Hilflosigkeit so deutlich vor Augen stand. Früher dachte ich immer, ich werde mir schon zu helfen wissen. Doch jetzt waren mir Mund und Hände gebunden, ich verstand ja weder Sprache noch Mentalität. Ich konnte nur mit meinen Ängsten und Befürchtungen im Gebet zu Jesus gehen. So wuchs ich in meiner Abhängigkeit von Jesus. Er wurde größer, ich wurde kleiner.

Früher rannte ich einfach drauf los, tat was ich wollte und wie ich es wollte. Doch nun musste ich für alles beten, um Rat und Hilfe bitten. Denn hier im Balkan war ich schwächer und verletzbarer geworden. Wirklich? Dadurch, dass ich nicht mehr so »selbstsicher« drauf los stürmte, sondern anfing nachzudenken und zu beten, wurde ich nach und nach von meiner Unsicherheit befreit, die mich mein Leben lang auf Schritt und Tritt verfolgt hatte. Gottes Liebe hatte mich von einer weiteren Beengung befreit. Ich wurde befreit von der Menschenfurcht, als ich lernte, dass der Allmächtige in jeder Situation die Sache im Griff hat.

Eine weitere Lektion in dieser Schule waren die ärmlichen Verhältnisse, in denen wir die ersten zwei Jahren lebten. Die Bruchbude, in die es sogar hineinregnete, war wirklich nicht mein Stil. Wenn ich wählen müsste zwischen Holzbaracke und Luxusvilla, würde ich zweifelsohne die Villa wählen. Trotzdem gefiel es mir in dem dunklen, feuchten Loch, wo wir wohnten. Ja, zeitweise fand ich es sogar richtig schön dort. Wie war das möglich? Irgendwo steht in der Bibel: *»Besser ein Gericht Gemüse und Liebe dabei, als ein gemästeter Ochs und Hass dabei.«* In meiner Situation: »Besser eine Bruchbude und der Friede Gottes dabei, als eine Luxusvilla ohne den Frieden Gottes darin.«

OK, ich fand das Ganze auch nicht immer so romantisch. Einmal gab es in unserem Quartier den ganzen Tag kein Wasser. Das fand ich besonders ärgerlich, da eine Dusche schon längst überfällig war. In der Bibelstunde lamentierte ich darüber, wie schlimm es doch sei, den ganzen Tag vergeblich auf Wasser zu warten. Doch die Leute lachten nur und sagten: »Aber Alicia, das ist doch nicht schlimm, wenn es nur einen Tag so ist, wir hatten 3 Jahre kein Wasser.«

Ein Segen für andere

Was ist nicht alles geschehen, seit ich mich mit dem HIV-Virus infiziert hatte! Damals dachte ich: das ist mein frühes Todesurteil. Doch schon seit langem sehe ich, dass damals mein Leben eigentlich erst anfing. Wohin mich Gott seitdem gebracht hat, das ist wirklich ein Wunder.

Nicht nur geografisch (in Frankreich geboren, in Spanien aufgewachsen, in der Schweiz geheiratet, in Österreich den Führerschein erworben und schließlich in Bosnien gelandet), sondern auch was meinen inneren Menschen betrifft, hat mich Jesus eine erstaunliche Reise geführt. Hier in Bosnien durfte ich anderen Menschen zum Segen sein. Ich, die ich nichts gelernt habe – die Alicia, die nichts kann. Mich kann der geniale Herr des Universums gebrauchen, um Menschen Freude, Trost und Hoffnung zu bringen.

Junge Frauen rufen mich an, fragen um Rat. »Du bist die Einzige, die mir wirklich sagt, was sie denkt«, sagt die eine. »Es war Alicia, die mir half, diese Versuchung zu überwinden«, erzählt eine andere. Eine leidgeprüfte Frau, die meine Mutter sein könnte, nennt mich ihre Lehrerin und ihre Tochter. In der Kinderstunde darf ich Kinder zu Jesus führen und andere darin anleiten, Kinder zu unterrichten. Es kommt vor, dass Bekannte ihren Freunden, die in großen Problemen stecken, von uns erzählen und uns bitten, dass wir uns doch mit ihnen treffen, um ihnen aus der Patsche zu helfen. Ist das nicht ein Wunder? Ich, der ›Krebs der Familie‹, wie mich mein Vater nannte, ich, die ich weder eine psychologische, noch eine andere Schule abgeschlossen habe, ich darf anderen eine Stütze sein. Orientierungslos trieb ich in der Dunkelheit des Lebens dahin, aber nun kann ich für andere, die weit mehr Bildung und Lebenserfahrung haben als ich, ein Licht und ein Wegweiser sein.

Von Gott geliebt, von Ihm gesucht und gefunden und von seiner Liebe geschult und verändert! Das allein kann mein Leben erklären. Das Evangelium von Jesus Christus ist nicht einfach eine Religion, es ist Realität. *»Blinde werden sehend, und Lahme wandeln, Aussätzige werden gereinigt, und Taube hören, und Tote werden auferweckt, und Armen wird gute Botschaft verkündigt«* (Mt. 11,5).

Ich war lahm, völlig unfähig Gottes Willen zu tun, ein Sklave der Drogen und meines eigenen Dickkopfes. Heute lebe ich in der Freiheit des Willens Gottes. Wie war ich beschmutzt und verletzt von der Sünde! Aber nun bin ich wirklich gereinigt und geheilt.

Und die schlimme Kindheit – wie kann ein liebender Gott so etwas zulassen? Hier in Sarajevo gibt es *eine* Antwort auf diese Frage. Als geheilter Mensch kann ich andere verstehen und ihnen helfen, selbst heil zu werden. Gerade hier, wo die Menschen einen Krieg miterleben mussten, gibt es viele, die von der Sünde schwer verletzt worden sind. Sie haben schlimmeres Unrecht und Grauen miterlebt, als ich mir auch nur vorstellen kann. Das wenige was ich erlebt habe, hilft mir nun, ihnen zu helfen.

Und Aids – dieser Alptraum, diese furchtbare Krankheit, die alle Träume zerstört? Wenn Gott mich liebt, warum heilt er mich dann nicht von dieser Geißel? Das Erstaunliche ist, dass – trotz Aids – mein Leben wie ein Traum ist. Erst seitdem ich mit diesem Schrecken erregenden Virus infiziert bin, hat sich mein Leben zum Guten verändert – haben sich Träume erfüllt. Meine Krankheit ist nicht nur ein tödlicher Schatten in meinem Leben geblieben. Immer wieder merke ich, wie dadurch die Herzen der Menschen, mit denen wir zu tun haben, geöffnet werden. Einige leiden selbst an einer Krankheit, anderen hat der Krieg eine Schwester, einen Enkel oder einen Sohn entrissen. Dadurch, dass ich selbst leide, kann ich ihnen glaubwürdiger Gottes Liebe bezeugen und den Glauben, der uns trotz allen Leides wieder Friede, Freude und Hoffnung geben kann. Mein Krankheit ist kein Hindernis für Gott, sondern vielmehr ein Werkzeug in seiner Hand, um anderen zu helfen.

Eine Ehe voller Freude

Die meisten Menschen, und leider sogar viele Christen, denken von Gott nicht viel Gutes. Sie meinen, er sei ein strenger Mann, der hohe Anforderungen stellt und der ganz darauf aus sei, uns die Freude zu verderben. Ihm zu gehorchen empfindet man als mühsam, weil man denkt, man werde dadurch in seinem Vergnügen sehr beschnitten. Natürlich ist genau das Gegenteil der Fall! Unser Schöpfer hat all das Schöne nicht geschaffen, nur um es zu verbieten, das Problem ist vielmehr, dass wir mit unserer Sünde und unserem Egoismus alles verderben. Jesus sagt: *»Ich bin gekommen, auf dass sie Leben haben und es in Überfluss haben«* (Joh. 10,9).

Gottes Liebe ließ mich diese Wahrheit deutlich erfahren. Als Jesus in mein Leben kam, begann er Stück für

Stück alle Bereiche meines Charakters und meines Lebens zu heilen, so dass jedes Jahr meines Lebens glücklicher wurde.

Sein Heilungsprozess wird besonders in unserer Ehe deutlich. Wie viel Reibungspunkte gab es doch da, die immer wieder zum Streit führten! Vieles lernten wir mit der Zeit, doch einige Probleme schienen unlösbar zu sein. »Jesus macht alles neu«, steht in der Bibel. Doch manchmal dachte ich, dass wohl einige Dinge erst im Himmel neu werden würden. Aber Gottes Liebe hat einen genauen Zeitplan und weise Behandlungsmethoden.

Seit wir in Bosnien wohnten, war ich sozusagen pausenlos mit meinem Mann zusammen. Niemand musste zur Arbeit in die Firma gehen, wir waren sozusagen jetzt Kollegen. Gemeinsam lernten wir die Sprache, gemeinsam besuchten wir Leute, gemeinsam machten wir Bibelstunden, buchstäblich Tag und Nacht waren wir zusammen. Da brachen alte Konflikte wieder auf, unsere verschiedenen Charaktere prallten erneut zusammen. Manchmal meinte Michael, es wäre einfach besser, jeder würde mehr für sich arbeiten. So könnten wir unnötige Reibungspunkte vermeiden.

Aber das war nicht Gottes Plan. Er hatte gerade eben zu einem weiteren Feinschliff angesetzt. Er wollte nicht, dass wir bei dem stehenblieben, wo wir angekommen waren, sondern er fuhr fort, alles neu zu machen, wie er es versprochen hatte. Unsere neue Situation, die uns oft Schmerzen bereitete, war nichts anderes als die Antwort auf unsere Gebete. Jesus wollte uns auch in unserer Ehe die ganze Fülle schenken, jedoch nicht durch einen »allmächtigen Fingerschnipp«, wie wir uns das vorstellten, sondern dadurch, dass er, der große, weise Töpfer, uns wieder auf seine Töpferscheibe nahm.

Wir rieben uns aneinander in unserer gemeinsamen Arbeit, aber dadurch wurde mein kantiger Charakter weiter zurechtgeschliffen. Langsam merkte ich, dass viele Probleme in der Ehe ihre Ursache darin hatten, dass ich oft einfach furchtbar dickköpfig war. Ich merkte, dass ich nicht fair gegenüber meinem Mann war. Früher rechtfertigte ich solches Verhalten immer mit Sätzen wie »ich bin halt einfach so« und »das mag ich halt einfach nicht«. Doch Jesus zeigte mir, dass seine Liebe anders ist, nicht so egoistisch. Diese Liebe ist mit Opfern verbunden, sie sucht nicht sich selbst, sondern dem andern zu gefallen. Langsam machte es »klick« bei mir und endlich war ich bereit, mich verändern zu lassen. Ein Buch über Ehe, das wir gemeinsam lasen, half uns weiter, uns besser zu verstehen und unsere Liebe dem anderen gegenüber besser auszudrücken.

Ein weiteres Mal wurde mein Leben wie ein Traum. In dem Jahr, als wir unseren 10. Hochzeitstag feierten, (als wäre das Datum geplant) heilten alle Wunden und erfüllten sich alle Träume. Man kann sich kaum eine romantischere, erfüllendere Beziehung vorstellen, als wir sie heute haben.

Die Liebe meines Mannes zu mir wuchs in dem gleichen Maß wie die meine zu ihm. Er scheint es wirklich ernsthaft zu glauben, wenn er mir beständig beteuert, ich sei die schönste und beste Frau der Welt. Ja, wie sehr mich Gott liebt, das sehe ich oft in der Liebe meines Mannes zu mir. Jetzt ist Ehe nicht mehr ein ständiger Kampf, sondern sie ist harmonisch, ein Genuss, für den ich Gott, meinen Schöpfer und Retter, anbeten kann. Wir sind ein Team, eine Einheit geworden, die einander ergänzen und sich aneinander freuen. Wie gut hat Gott doch alles gemacht, wie gut sind seine Gedanken über Mann und Frau – ich kann nur staunen.

»Nicht fünf Rappen« hätten die Leute für unsere Ehe gegeben, aber nun sieht man uns unser Glück einfach an.

»Und ihr liebt euch tatsächlich immer noch so sehr wie am ersten Tag? ... Was, noch mehr als damals?« Das scheint meiner jungen Friseuse ganz unmöglich. Ich versuche ihr zu erklären, dass das Geheimnis unseres Glücks Jesus ist, der in der Mitte unserer Ehe steht. Doch ich weiß, wenn man ihn nicht kennt, wird man das nie ganz verstehen können und sucht und findet andere Erklärungen.

Aber dennoch bleibt es so, dass ich von Gott geliebt bin

– mit einer bedingungslosen, unwandelbaren Liebe, und in dieser Tatsache liegen mein Glück und mein Wert begründet.

Im Schatten des Todestals

Ende gut – alles gut? Noch einmal sollte ich geschüttelt werden, so lang und so heftig wie noch nie zuvor in meinem Leben.

Zuerst war es nur eine Grippe. Wie jede Grippe warf auch diese den dunklen Schatten meiner Krankheit wieder auf mein Gemüt. Doch ein weiteres Mal genas ich und konnte so nach Österreich fahren – zur jährlichen Glaubenskonferenz. Dort würde ich viele Freunde sehen und meinen Geburtstag feiern. Darauf freute ich mich!

Trotz einer leichten Schwäche konnte ich die Tage genießen. Wir hatten das schönste Herbstwetter, das man sich vorstellen kann. »*Schicke dich an, deinem Gott zu begegnen.*« Dieser Bibelvers zierte das Kalenderblatt an meinem Geburtstag. Er schreckte mich auf. Wie ein dunkler

Schatten störte er das Idyll der goldenen Herbsttage in den Österreichischen Alpen. »Was soll das heißen? Muss ich sterben?« Ich versuchte den Gedanken abzuschütteln, doch der Konferenz-Redner warf meine Sinne wieder zurück zu dem ernsten Thema. Er redete von der Hoffnung der Auferstehung, er redete davon, dass die Hoffnung des Christen über das Grab hinausgeht. Die Worte gingen bis in das Innerste meines Herzens, ich war angerührt vom Geist Gottes, immer wieder kamen mir die Tränen. »Was willst Du mir sagen Herr?«, fragte ich.

Zurück in Sarajevo erkältete ich mich wieder. »Ach, werde ich denn nie mehr gesund?« ärgerte ich mich. Und wirklich, es schien nicht besser zu werden. Die heftigen Kopfschmerzen ließen auf eine Stirnhöhlenentzündung schließen. Ana, unsere gute Freundin und »Mutter« in Bosnien, brachte mich zum Röntgen in die Ambulanz. Wieder einmal dankte ich Gott für Ana. (Sie, die erfahrene Krankenschwester, ist einer der ersten Menschen, die wir in Bosnien kennen lernten, die sich auch zu einem Leben mit Jesus entschieden haben. Wie oft half sie mir, wenn ich krank war oder brachte mich direkt zum richtigen Arzt, wenn ich einen nötig hatte.)

Das Röntgen brachte keine neuen Erkenntnisse. Meine Stirnhöhlen waren nicht entzündet, doch meine Schwäche blieb. Dazu kamen nun aber auch noch Gleichgewichtsstörungen. Ich konnte nicht mehr gerade gehen und meine linke Hand nicht mehr kontrollieren. Es war so schlimm, dass ich nicht einmal mehr ein Email schreiben konnte. War nun die Krankheit AIDS ausgebrochen? Sollte mein schönstes Lebensjahr zugleich mein letztes sein? Oder war es nur eine seltsame Grippe unter der – wie wir hörten – auch andere litten? Ich war unruhig: »Wenn ich nur wüsste, was mich da so am Boden hält!« Ich versuchte dieses und jenes, um zu Kräften zu kommen, doch nichts half. Ana arrangierte einen Termin mit einer HIV-Spezialistin im Spital in Sarajevo. Sowohl mir als auch Michael war bewusst, dass die Situation ernst war. Wir beteten ernstlich, dass Gott uns führen und der Ärztin helfen möge, uns den richtigen Rat zu geben.

Es ist Mittwoch, der 8. November. Den Weg ins Spital kann ich nicht mehr alleine gehen. Michael rechts und Ana links stützen mich. Das schöne, warme Wetter gibt Trost an diesem schweren Tag, ebenso die sympatische Ärztin, die einen ruhigen und kompetenten Eindruck macht. Nachdem ich ihr meine Symptome und meine letzten Blutwerte geschildert habe, ist sie sichtlich bewegt: »Wann können Sie nach Österreich fahren? Können Sie heute noch fahren? Fahren Sie so schnell wie möglich – verlieren Sie keinen Tag!« Sie erklärt uns, dass sie auch hier ein CT (Computertomografie) machen und dies und jenes untersuchen könnten, aber dass sie einfach nicht die Möglichkeiten hätten, die uns in Österreich zur Verfügung stehen würden. »Hier haben wir nicht einmal die Medikamente, die für eine HIV-Therapie benötigt werden«, fährt sie fort. »Glauben Sie mir, ich würde Sie liebend gerne aufnehmen und behandeln, aber in Ihrem Land kriegen Sie die bessere Hilfe.« Sie schaut uns ernst und bestimmt an: »Darum fahren Sie so schnell wie möglich. Verlieren Sie keinen Tag mehr. Sie sind ja noch so jung.« (Michael bemerkt, wie sie bei den letzten Worten ganz feuchte Augen bekommt. Aber das sagt er mir erst später.)

Das war eine klare Botschaft. Wir dankten Gott, dass er durch die Ärztin so deutlich zu uns geredet hatte. Zum ersten Mal spürte ich wieder ein klein wenig Frieden in meinem Herzen. Der Herr wollte, dass ich nach Österreich ging. Er führte mich immer noch. Auch jetzt im Schatten des Todestals. Denn da war ich angelangt, ohne Zweifel. Ob ich sterben würde, war nicht klar, aber dem Schatten des Todes musste ich jedenfalls begegnen.

Alles ging schnell: Koffer packen, Leute verständigen, einen Imbiss vorbereiten. Ich sah, dass Michael ruhig blieb, aber er war nicht entspannt. Auch er war übermüdet von den vergangenen Tagen. Im Glauben, dass uns Jesus die Kraft geben würde, setzten wir uns am Abend ins Auto und fuhren los. Noch nie ging die Fahrt so schnell und so reibungslos wie diesmal. An jedem Grenzposten – und davon gibt es eine ganze Menge – wurden wir nur durchgewunken. Und Jesus gab mir tatsächlich Kraft für die Fahrt. Mir war weder übel noch hatte ich Kopfweh, oft konnte ich sogar schlafen. Michael hielt irgendwie bis Salzburg durch.

Es ist Donnerstagnachmittag. Im Rettungswagen fahren wir zu einem anderen Krankenhaus. Das CT im Landeskrankenhaus (LKH) ist defekt. Auch hier sind die Ärzte der Meinung, dass keine Zeit zu verlieren sei. Ein Zettel klärt mich auf, was bei dieser Untersuchung alles schief gehen kann. Die Risiken, welche die Untersuchung mit sich bringt, sind nicht gerade beruhigend, aber ich unterschreibe, dass ich damit einverstanden bin. Ich habe ja keine andere Wahl. Dann geht es in die »Röhre«. Zum Glück ist Michael die ganze Zeit bei mir!

Die »Röhre« erweist sich als harmlos, es tut nicht weh, ist auch nicht unangenehm. Aber nun kommt ans Licht, oder auf den Bildschirm, was mich in den vergangenen 10 Tagen »so unten gehalten hat«. Ganz und gar nicht beruhigend: ein walnussgroßer, weißer Fleck in der Nähe des Zentralhirns, der noch einen weit größeren Schleier um sich trägt. Was ist das?

Man fährt mich ins Untersuchungszimmer. Ein Arzt kommt, ein anderer geht. Einer telefoniert: »Wegen der Patientin Alicia … das ist eine verzwicktere Geschichte … könnten wir nicht noch heute Abend ein MRI (Kernspindtomografie) machen … jedenfalls werden wir die Bilder noch den Neurochirurgen vorlegen …« – »Was sagten sie da Herr Doktor, habe ich richtig gehört, Neurochirurgen? Muss ich operiert werden, habe ich einen Gehirntumor?«, frage ich ängstlich nach, als der Neurologe den Hörer auflegt. »Am besten hören Sie vorerst mal nicht zu genau hin« gibt dieser ein wenig trocken zurück. »Wir müssen jetzt nur alle Möglichkeiten abklären. Ich gebe zu, dass sich einiges für Sie beunruhigend anhört.«

Allerdings, das alles ist sehr beunruhigend. Weil es in der Klinik keinen Platz mehr gibt, liege ich die ganze Nacht im Untersuchungszimmer. Neben mir flimmert ein Bildschirm. Ein MRI wird doch nicht mehr gemacht. Vor dem Schlafen kommt nochmals eine Ärztin. Sie macht mir einen überarbeiteten Eindruck. Sie klärt mich darüber auf, dass man möglicherweise ein »Schant« machen müsse, das heißt in den Schädel eine Art Abflussrohr für die Hirnflüssigkeit installieren. Eine horrende Vorstellung! Damit lässt sie mich allein.

Trotz aller Untersuchungen kann mir kein Arzt sagen, was der weiße Fleck in meinem Gehirn zu bedeuten hat. Es sei entweder eine Entzündung (Toxoplasmose) oder ein Tumor, doch um das zu bestimmen, müsse man eben ein MRI machen.

Der Psalmschreiber konnte schreiben: *»Auch wenn ich wanderte im Tal des Todesschattens fürchte ich mich nicht.«* Ich muss bekennen, dass ich mich jetzt sehr fürchte. Dazu kommen noch rasende Kopfschmerzen. Ich sollte nach all den Anstrengungen schlafen, aber das ist jetzt unmöglich. Doch, Chemie sei Dank, erlöst mich ein pharmazeutischer Beruhigungstrunk von meinen

Schmerzen und Ängsten und endlich finde ich mal ein paar Stunden Ruhe im Schlaf.

Am nächsten Tag werde ich endlich in ein richtiges Zimmer verlegt, auf die erlösende Untersuchung jedoch warte ich den ganzen Tag vergeblich. Wieder muss ich in Ungewissheit in die Nacht. Wieder plagen mich Angst und Schmerzen.

Am Samstag kann das MRI endlich gemacht werden. (Das ist eine »Röhre« wie das CT, nur ist das Ergebnis genauer.) Doch nun erfahre ich enttäuscht, dass man auch mit dieser Untersuchung nicht klären kann, ob ich einen Tumor oder »nur« eine Entzündung im Gehirn habe. Um das herauszufinden muss man eine Gewebeprobe entnehmen. Am Montag würde ich unter das Messer, oder besser gesagt, unter den Bohrer kommen! Erneut werde ich verlegt. Von der Neurologie in die Neurochirurgie.

Die Vorstellung, ein Loch in den Kopf gebohrt zu bekommen, ist so ziemlich das Letzte, was ich hören möchte. Trotzdem bin ich jetzt ein wenig ruhiger. Wenigstens weiß ich nun, was auf mich wartet … alles ist besser als Ungewissheit.

Die Operation verläuft ohne Komplikationen und als ich erwache hörte ich seit Tagen die erste gute Nachricht: »Es ist kein Tumor!«

Langsam legt sich der Schrecken. Ich komme zurück ins LKH, um die Toxoplasmose, eine typische HIV-Infektion, zu behandeln. Ich liege da – eine Woche, zwei Wochen, drei Wochen … es ist mir furchtbar. Natürlich gefällt es keinem Menschen im Spital, noch weniger, wenn es so lange dauert. Aber für ein Nervenbündel wie mich ist das wirklich eine sehr schwere Prüfung. Immer wieder weine ich, wenn mein Mann am Abend nach Hause geht. Ich will nicht allein schlafen, ich will nicht allein im Dunkeln sein …

Doch wie sehr Gott mich liebt, wurde gerade in dieser Zeit so deutlich. Ich hatte alles, was man sich nur denken kann. Ein Königskind hätte keine bessere Behandlung bekommen können als ich. Ich hatte im Spital immer ein Einzelzimmer mit Dusche und WC, ich genoss eine hervorragende Küche und die Glaubensgeschwister aus der Christlichen Gemeinde in Salzburg milderten mir den Aufenthalt so gut sie es nur konnten. Einer brachte mir sein Handy, so war ich also für alle erreichbar und konnte jederzeit Michael anrufen. Ein anderer installierte sein Videogerät und fast jeder Besucher brachte mir »leicht verdauliche« Filme mit, die die tristen Tage verkürzten. Besuch bekam ich in Hülle und Fülle – mein Vater im Himmel wusste, was ich brauchte. Die ersten vier Wochen im Spital war ich ab Mittag selten eine Stunde allein. Oft reichten sich die Besucher die Türklinke. Mein Zimmer war voller Blumen, Kekse, Karten und Geschenke. Selbst die Freunde aus Bosnien schickten Karten und Briefe und riefen an. Eine Freundin versicherte mir am Telefon, dass sogar sie für mich bete, obwohl sie nicht wisse, wie das geht.

Wie sehr zeigte mir Gott durch all diese Menschen, wie wertvoll ich ihm bin. In der Schule war ich die Außenseiterin und der Prügelknabe, aber nun bin ich von Hunderten geliebt!

Allerdings muss ich zugeben, dass ich all die Liebesbeweise meines Gottes kaum wahrnahm. Denn ich hatte Mühe, *Ja* zu sagen zu diesem Weg der Krankheit und des Leidens (die vielen Medikamente, die ich zu schlucken hatte, verursachten mir pausenlose Bauchschmerzen) und ich hatte Angst. Angst, dass noch schwerere Wege auf mich warteten – Wege, an denen ich seelisch zerbrechen würde.

Ja, die dunkle Wolke über meinem Leben wollte nicht verschwinden. Wie froh war ich, als ich endlich aus dem Spital entlassen wurde, aber kaum draußen, musste ich schon wieder rein. Mein Blutbild hatte sich rapide verschlechtert, es bestand die Gefahr innerer Blutungen. Wird das denn nie mehr gut? Werde ich nun doch sterben? Nein, die Ärzte, »Jongleure der Chemie«, schafften es auch diesmal. So konnte ich nach 10 Tagen wieder entlassen werden. »Bis wann?«, fragte ich mich. Ich hatte jede Sicherheit verloren. »Besser, ich freue mich nicht mehr zu sehr. Was nützen Hoffnungen, wenn sie nur enttäuscht werden?«

Und tatsächlich, kaum ging es mir ein wenig besser, bekam ich Fieber, das von Übelkeit und Durchfall begleitet war. Wir beteten, doch nichts half. Ich musste wieder ins Spital eingeliefert werden. Weihnachten im Spital! Etwas Schlimmeres hätte ich mir kaum vorstellen können. Aber langsam schien Gottes Schleifprozess auch in dieser Schule erste Früchte zu zeigen. Meine dritte Zeit im Spital ertrug ich seelisch besser, obwohl ich körperlich ganz am Ende meiner Kräfte war.

Mittwoch, der 27. Dezember. Endlich kann ich mit der HIV-Therapie anfangen. Ich bin froh wegen all der Fortschritte, welche die Medizin in den vergangenen Jahren errungen hat. Alte Freunde, bei denen die Krankheit einige Jahre früher ausgebrochen ist, sind längst tot. Doch ich habe berechtigte Hoffnung, noch viele weitere Jahre leben zu können.

Samstag, der 30. Dezember. Heute werde ich aus dem Spital entlassen. Ich bin noch sehr schwach, habe aber kein Fieber mehr und es ist mir nicht mehr ganz so übel. Man hat herausgefunden, das meine letzte Krankheit von einem Pilz verursacht wurde. Er sollte kein allzu großes Problem darstellen.

Sonntag, der 31. Dezember. Endlich wieder einmal in der Gemeinde. Beim Singen kommen mir die Tränen. Ich kann nicht singen. Ich weiß nicht, wie ich mich fühle.

Silvester feiern wir im kleinen Freundeskreis. Am Abend

freue ich mich auf einem verschneiten Hügel am Waldrand über den sternenklaren Himmel und das von Feuerwerk erleuchtete Salzburg. Ein neues Jahr – was liegt vor mir? Der Herr weiß es. Langsam fasse ich Mut. Er ließ mich nicht sterben, er scheint noch weitere Pläne für mein Leben zu haben. Aber noch stehe ich mittendrin in dieser schwersten Prüfung meines Lebens. Einmal werde ich Gott sicher auch für sie danken können. Einmal werde ich sehen können, wie reich ich auch durch diesen schweren Weg beschenkt worden bin. Aber jetzt fällt mir alles sehr schwer. Jetzt muss ich mich darauf konzentrieren, dass ich den Blick des Glaubens nicht verliere und mich nicht entmutigen lasse.

Täglich habe ich 17 Tabletten zu schlucken. Das ist mir, im wahrsten Sinn des Wortes, manchmal zum Kotzen. Man sagt, dass man sie mit der Zeit besser erträgt. Man sagt, dass es vielen ganz gut gehe mit dieser Therapie. Aber garantieren kann man halt nichts, weil jeder Mensch anders reagiert. Ich muss mutig sein und glauben. Wenn alles gut geht, werde ich in einem Monat bereits wieder auf dem Weg nach Bosnien sein, in das Land, wo mein Herz ist. Wenn alles gut geht, werde ich wieder leben können, leben mit Kraft und ohne Schmerzen und Übelkeit. Werde ich das?

> *Der HERR ist mein Hirte, mir wird nichts mangeln. Er weidet mich auf grünen Auen, er führt mich zu stillen Wassern. Er erquickt meine Seele. Er leitet mich in Pfaden der Gerechtigkeit um seines Na-*

mens willen. Auch wenn ich wandere im Tal des Todesschattens, fürchte ich kein Unglück, denn du bist bei mir, dein Stecken und Stab, sie trösten mich. Du bereitest vor mir einen Tisch angesichts meiner Feinde; du hast mein Haupt mit Öl gesalbt, mein Becher fließt über. Nur Güte und Gnade werden mir folgen mein Leben lang und ich werde wohnen im Haus der HERRN lebenslang.

Psalm 23

Was macht mein Leben wertvoll – meine Zukunft hell? Ich bin von Gott geliebt! In seiner Hand, von ihm geführt. Er lässt mich seine Liebe erleben und schenkt mir Geborgenheit. Einundzwanzig Jahre lang spürte ich nichts von dieser Liebe. Ich war blind dafür, bis ich mich hilflos an Jesus klammerte, bis ich bereit wurde, ihm die Führung meines Lebens zu überlassen.

Auch wenn ich den Blick für diese Liebe manchmal verliere, kann ich sie immer dann, wenn ich mich ihm anvertraue, sehen, spüren und erfahren. Und dann weiß ich – trotz aller offenen Fragen – am Ende *wird* alles gut, denn Er hat versprochen, dass den Menschen, die Gott lieben, alles zu einem guten Ziel dienen wird.

Infos über AIDS

Wahrscheinlich keine andere Krankheit hat in den vergangen 15 Jahren für mehr Gespräch gesorgt als AIDS. In großem Stile versuchten viele Länder ihre Bevölkerung aufzuklären, Hollywood produzierte Filme zu dieser Thematik, Benetton versuchte sogar den Schrecken, den diese Krankheit unter den Menschen verursacht hat, zu vermarkten.

In letzter Zeit ist diese erste Welle der Angst und des Gesprächs ein wenig abgeebt, doch kann dies nicht als Entwarnung gelten. Die Aidsepidemie, die weltweit schon 19 Mio Menschenleben gefordert hat, ist weiter auf dem Vormarsch, vor allem in Afrika und den Entwicklungsländern.

Derzeit leben Weltweit etwa 35 Mio Menschen mit HIV/

AIDS. Im Jahre 1999 infizierten sich 5,4 Mio. Menschen mit dem Virus und 2,8 Mio. verstarben an AIDS. Die WHO sieht keine Möglichkeit, die weitere Ausbreitung des HIV in den nächsten Jahren unter Kontrolle zu bringen. Was ist diese Krankheit und was sollten wir von ihr wissen?

AIDS – was ist das?

AIDS (*aquired immune deficiency syndrome* zu deutsch *erworbende Immunschwäche*) wird folgendermaßen definiert. »AIDS ist eine durch das HI-Virus hervorgerufene Erkrankung, bei der neben einem Defekt der zellulären Immunität opportunistische Infektionen und/oder bestimmte Krebsarten vorliegen.«

In für den Laien verständlicher Sprache heißt dies, dass das **HIV** (Humanes Immunschwäche Virus) das Immunsystem des Menschen zum Zusammenbruch bringt und infolge dessen der Infizierte an bestimmten Arten von Krankheiten erkrankt bzw. stirbt. Verschiedene Lungenentzündungen, Tuberkulose, Toxoplasmose, Krebs und Pilzinfektionen sind typische, AIDS-definierende Erkrankungen.

Man kann das Krankheitsbild von HIV-AIDS in drei grobe Stadien Einteilen:

A: mit dem HIV infiziert, aber ohne Krankheitssymptome (asymptomatische Phase)

B: das Stadium von Vorfelderkrankungen (Fieber, Nachtschweiß, Gewichtsverlust, Müdigkeit etc.)

C: die Erkrankung an AIDS (Sie wird festgestellt, wenn eine symptomatische AIDS-Erkrankung vorliegt.)

Das HIV wird durch Blut, Samenflüssigkeit und Scheidensekret übertragen. Ist man infiziert, bilden sich nach einigen Wochen Antikörper, an denen man bei einem Test feststellen kann, ob man HIV-positiv ist. *Bis zu 2 Monate* (sehr selten auch länger) nach der Infizierung, ist das HIV bzw. sind die Antikörper dagegen im Blut *nicht nachweisbar* (sog. »diagnostisches Fenster«). Das ist die gefährlichste Zeit, andere zu infizieren, da man selbst nach einem Test nicht weiß, dass man infiziert ist. Zudem ist das noch »unsichtbare« Virus in dieser Phase sogar weit infektiöser als danach.

Wer sich nicht auf HIV testen lässt, kann jahrelang infiziert sein und nichts davon merken. Im Normalfall leidet der HIV-Infizierte in der ersten Phase (A) an keinerlei Beschwerden. Er ist »gesund« wie ein normaler Mensch. Er hat jetzt auch kein AIDS, sondern ist nur mit dem HIV infiziert, das aber irgendwann zu AIDS führen wird.

Trotzdem ist in dieser asymptomatischen Phase, in der man nichts vom HIV spürt, das Virus aktiv. Durch die HIV-Infektion wird ein Prozess in Gang gesetzt, bei dem falsche oder unvollständige Signale an Immunzellen übermittelt werden. Das führt zu einem Verlust der sogenannten Helferzellen, die für das menschliche Immunsystem notwendig sind.

Das Fortschreiten der Krankheit kann in diesem Stadium an der Abnahme der Zahl der Helferzellen gemessen werden. Das Wohlbefinden des Infizierten ist in der Regel davon aber nicht beeinträchtigt. Diese unauffällige Phase der Krankheit dauert in der Regel etwa 5-15 Jahre.[1]

Dann kommt es zu einer raschen Verminderung der Helferzellen, es kommt zu den Vorfelderkrankungen und dann zum Ausbruch von AIDS mit seinen typischen Krankheitsbildern. Die mittlere Überlebenszeit nach dem Eintritt in das Vollbild von AIDS beträgt in Industrieländern ca. 2-4 Jahre.[2]

Die Geschichte von AIDS

1981 wurde man in den USA durch gehäufte Fälle von Pneumocystis carinii (Lungenentzündung) und anderen

---

[1] Es gibt aber auch Virusvarianten, sie sich schnell und in großer Menge vermehren, bzw. Menschen die »empfänglicher« für das HI-Virus sind als andere, so dass es zu einem viel schnelleren Ausbruch von AIDS kommen kann, bereits innerhalb der ersten 3 Jahre nach der Infizierung.

[2] Diese kann aber durch die heute zur Verfüngung stehende antiretrovirale Therapie deutlich verlängert werden. Siehe weiter unten »*Therapie von HIV/AIDS*«

spezifischen Krankheiten auf die AIDS-Epidemie aufmerksam. Diese Epidemie war schon Jahre zuvor in Gang gekommen, wurde aber nicht als solche erkannt, da die an AIDS Erkrankten ja an verschiedenen, »normalen« Krankheiten sterben.

Als man in den frühen 80er Jahren eine gemeinsame Ursache dieser gehäuften Fälle spezifischer Krankheiten entdeckte, reagierte die Gesundheitsbehörde kaum. Da zunächst nur Homosexuelle und Drogensüchtige daran erkrankten, führte man sie auf den besonderen Lebensstil dieser Population zurück. Diese Einstellung änderte sich auch nicht, als 1983 das HIV als Ursache von AIDS entdeckt wurde. Als man die wirkliche Bedrohung für die Bevölkerung erkannte, war es bereits zu spät. Es gab bereits Millionen von Infizierten auf der ganzen Welt.

Es gab und gibt viele Theorien und Gerüchte über die Herkunft von HIV. Man muss bei dieser Frage berücksichtigen, dass man heute mindestens zwischen drei verschiedenen HIV-Typen unterscheidet, von denen zwei wiederum eine ganze Reihe von Subtypen haben.

Es gilt als gesichert, dass das HIV in Äquatorialafrika durch Wirtswechsel von Schimpansen auf Menschen entstanden ist. Das Jagen und Schlachten von Schimpansen ist in Afrika weit verbreitet, ein Wirtswechsel ist also leicht erklärbar. Schimpansen selbst jedoch erkranken nicht an AIDS.

Vom Herzen Afrikas kam das Virus dann mit Veränderung der Sozialstrukturen (Landflucht, Industrialisierung, Krieg, Prostitution) in größere Städte der Küstenregionen, von dort in den 60er Jahren mit haitianischen Rückwanderern aus Zaire zuerst nach Haiti, dann via Poincaré / Port au Prince mit amerikanischen Sextouristen weiter in die städtischen Ballungsgebiete des amerikanischen Ostens (New York/Miami) und von dort aus an die Westküste der USA, nach Europa und schließlich in die ganze Welt.

Das Virus breitet sich nach wie vor in den Entwicklungsländern rasch aus. Die meisten Infektionen werden durch sexuelle Kontakte übertragen. Besonders alarmierend ist die Zahl der Neuinfektionen in Schwarzafrika, Lateinamerika, Indien und Thailand. In diesen Ländern gleicht der ungeschützte, geschlechtliche Kontakt einem russischen Roulette.

In Afrika findet sich die höchste Durchseuchung weltweit. 70% der weltweit HIV-Positiven leben in den Ländern südlich der Sahara. Die Infizierung beträgt in den einzelnen Ländern zwischen 10 – 25% der Bevölkerung. In Simbabwe sind sogar bis zu 50% der Schwangeren infiziert, von denen über 30% ihre Infektion an ihre Kinder weitergeben werden.

Trotz aller Warnung blüht der Sextourismus weiter und so ist damit zu rechnen, dass AIDS durch die Sextouristen auch in den Industrieländern in noch im größerem Maß verbreitet wird.

Infektionsmöglichkeiten von HIV/AIDS

Bei normalen sozialen Kontakten ist eine HIV-Übertragung ausgeschlossen. Händeschütteln, Umarmungen, Trinken aus dem gleichen Glas, gemeinsames Benützen von Besteck oder Toilette können *nicht* zu einer Infektion führen. Auch in Schwimmbecken und Saunen besteht keine Gefahr, auch nicht durch Anhusten oder Anniesen. Durch Tiere (auch Stechmücken) oder Tierprodukte ist das Virus nicht übertragbar.

Die Übertragung erfolgt fast ausschließlich durch *Geschlechtsverkehr, Spritzentausch* bei intravenösem Drogengebrauch oder von der infizierten Mutter auf ihr ungeborenes Kind.

Infektiös sind Samenflüssigkeit, Scheidensekret, Blut und Liquor. Eine *Prävention* scheint deshalb theoretisch nicht schwer. Bei *absoluter gegenseitiger Partnertreue* in einer HIV-freien Partnerschaft hat das Virus keine Chance, ebenso nicht bei *strikter geschlechtlicher Enthaltsamkeit*.

Das *strikte Verwenden* eines *Präservativs* außerhalb einer treuen HIV-freien Beziehung, sowie das Verwenden von *Einmalnadeln und -spritzen* könnte die Aidsepidemie praktisch zum Erliegen bringen. Jedoch gilt zu bedenken, dass die Verwendung eines Präservativs die Infektionsgefahr zwar drastisch vermindert, jedoch nicht 100% ausschließt. *Safer sex ist nicht safe sex.*

Man kann heute nicht mehr von Risikogruppen sprechen, sondern nur mehr von einem risikoreichen Verhalten. Am häufigsten wird das HIV durch Geschlechtsverkehr verbreitet.

Bei Geschlechtsverkehr besteht für die Frau ein etwa 4 mal höheres Infektionsrisiko, als für den Mann. Bei Analverkehr (vor allem bei Homosexuellen praktiziert) besteht ein über 20 mal höheres Infektionsrisiko, als bei vaginalem Geschlechtsverkehr. Das größte Risiko einer Infektion besteht jedoch bei Spritzentausch und – trauriger weise – für das ungeborene Kind einer infizierten Mutter.

Das Risiko, durch eine Bluttransfusion infiziert zu werden, ist sehr gering. Blutkonserven und Spender werden immer getestet. Trotzdem besteht ein Restrisiko (in Industrieländern 1:1 Million, in Afrika 1:1000), das durch das sog. »diagnostische Fenster« bedingt ist, den Zeitraum von der Ansteckung, bis zur Nachweisbarkeit von Antikörpern im Blut. Es ist unmöglich, dieses Restrisiko auszuschalten.

Für Bluter scheidet seit 1985 eine Infektion über Blutprodukte aus, Faktorenkonzentrate sind heute absolut sicher.

Die Therapie von HIV/AIDS

Eineinhalb Jahrzehnte lang waren die Erfolge im Kampf gegen AIDS eher enttäuschend. Mit der Einführung der antiretroviralen Therapie 1995 (HAART – *highly active antiretoviral therapy*) gibt es jedoch Hoffnung im Kampf gegen AIDS. Die antiretroviralen Therapien bestehen aus einer Kombination verschiedener Medikamente (man unterscheidet zwischen 3 verschiedenen Medikamentengruppen). Durch antiretrovirale Therapie ist man heute in der Lage, das HI-Virus zu bekämpfen, es vermehrungsunfähig zu machen und, in den meisten Fällen, bis unter die Nachweisbarkeitsgrenzen zurückzudrängen. Dadurch ist der Körper wieder in der Lage, die für das Immunsystem so wichtigen Helferzellen aufzubauen. Jedoch kann die Therapie HIV/AIDS *nicht heilen*. Wird die Therapie abgebrochen, wird das Virus wieder aktiv und die Krankheit kommt zu einem (erneuten) Ausbruch. Da es sich also um eine lebenslange Therapie handelt, muss an einer besseren Verträglichkeit der Medikamente gearbeitet werden.

Zudem wurde der anfängliche Optimismus durch *Resistenzen* gedämpft, die das HIV in vielen Fällen auf die verschiedenen Wirkstoffe und deren Kombinationen bildet. Es wird hart daran gearbeitet, dieses Problem zu überwinden. In den vergangen Jahren gelang es, die Therapie entscheidend zu verbessern. Man kann heute auf eine ganze Palette von hochwirksamen Medikamenten zurückgreifen. Die Einnahmemodalitäten und die

Verträglichkeit für den Patienten haben sich entscheidend verbessert. Jüngste Forschungsergebnisse geben Anlass zur Hoffnung, dass bald Medikamente auf den Markt kommen werden, die weit wirksame Resistenzen verhindern können.

Trotz immer wieder publizierten optimistischen Pressemeldungen ist aber die Entwicklung eines *Heilmittels* oder eines *Impfstoffes* gegen AIDS noch *nicht in Sicht*. Das gesteckte Ziel für die kommenden Jahre ist, dass HIV bei optimaler Therapie als chronische Krankheit nicht mehr zu einem irreversiblen Zusammenbruch der Immunabwehr und damit zu AIDS und zum Tod führt.

Bei all den positiven Meldungen der letzten Jahre von medizinischer Seite her, bleibt aber doch ein Wehrmutstropfen: Für die 90% aller HIV-Infizierten in den Entwicklungsländern haben sie wenig Bedeutung. Die hohen Kosten der modernen Präparate lassen sie nur für die reichen Industrienationen erschwinglich werden.

Schlussgedanken

Zusammenfassend muss also gesagt werden, dass AIDS nach wie vor ein globales Problem, eine nicht abschätzbare Bedrohung für die gesamte Bevölkerung ist. Trotz einiger Lichtblicke aus der Welt der Medizin bleibt die *Prävention die einzig wirkliche Chance*, eine weitere Ausbreitung von AIDS zu verhindern.

Erfolgreiche Prävention ist auch aus medizinischer Sicht nur möglich durch *vernünftiges*, um nicht zu sagen *moralisches*, Verhalten des Einzelnen. AIDS kann uns alle betreffen, deshalb *muss sich jeder selbst schützen.*

Je mehr der Einzelne über AIDS weiß, um so eher kann er bei sich selbst, bei seinen Angehörigen und Freunden eine Infektion vermeiden oder vermeiden helfen, und um so besser kann er bereits Infizierte verstehen und schon Erkrankten helfen.

Es wurden im Gebiet der Aufklärung in den letzten 15 Jahren große Anstrengungen unternommen. Leider muss man feststellen, dass *eine Verhaltensänderung trotz des Wissens um die Gefahren nur in geringem Ausmaß eingetreten ist*. Die überwiegende Mehrheit der Jugendlichen kümmert sich nicht um das Risiko. Die Lücke zwischen Praxis und Theorie ist riesig.

Diese Fakten sollten zu denken geben. Es wird gesagt, dass das Predigen von Moral an der Realität der heutigen Gesellschaft vorbeischießt. Dies mag stimmen, doch es scheint, dass es ohne ein Gespür für Moral unmöglich ist, seine Triebe von der Vernunft leiten zu lassen, was für eine erfolgreiche Prävention unabdingbar ist. In diesem Sinne sind angesichts der AIDS Problematik alle, Eltern, Pädagogen, Lehrer, Seelsorger, Psychologen, Mediziner und Politiker aufgefordert, sich herausfordern zu lassen.

Michael Stricker

Medizinische Daten entnommen aus dem Skriptum von Dr. Max Kronawetter »HIV/AIDS Epidemiologie, Übertragung, Diagnostik, Klinik, Therapie und Pflege«, durchgesehen und auf Richtigkeit überprüft von Dr. Thomas Hawranek dtv

Taschenbuch

A. Hartmann
Noras Suche

128 Seiten
ISBN 3-89397-457-1

Für eine junge Frau entwickelt sich das Leben immer mehr zum Alptraum – Einsamkeit, Angst, Unverstandensein und ein tiefes Misstrauen allen Menschen gegenüber bestimmen ihre Gefühle.
Das Elternhaus empfindet sie als freudlos und bedrückend, die Figur macht ihr Probleme, zum Lernen fehlt weitgehend die Konzentration.
Sie zieht sich immer mehr in ihre eigene Welt zurück.
Es gibt nur eine Befriedigung, einen Trost – das Essen, auch wenn danach regelmäßig das schlechte Gewissen und die Angst vor Entdeckung quälen.
Schleichend wird aus der Gewohnheit eine Sucht und ein Teufelskreis beginnt!
Gibt es einen Ausweg?

dlv Taschenbuch

W. Bühne

Tanz am Abgrund

128 Seiten
ISBN 3-89397-470-9

Peter – ein ganz normaler Donnerstag – doch der Schuss auf eine menschliche Zielscheibe verändert ein Leben für immer ...
Michael – ein Schrei nach Liebe, der in die Finsternis führt und fast in der Verzweiflung endet ...
Eva – ein Leben zum Kotzen – trotz der tiefen Sehnsucht nach der Wärme und Geborgenheit einer Familie ...
Walter – der Armut entronnen – im Besitz von Macht, Geld und Frauen, und dennoch weit entfernt vom Glück ...
Michael – die Faszination der Gewalt und das bittere Ende, als ein Hooligan ihr wahres Gesicht erkennt ...
Fünf Menschen stehen vor der Frage: »Bin ich geboren, um zu sterben?« – und finden am Ende doch das wirkliche Leben.

dlv Taschenbuch

R. Bladt
Sinas Sehnsucht

224 Seiten
ISBN 3-89397-464-4

Sie ist sechzehn, voller Träume und Hoffnung – doch das Leben scheint für Sina etwas anderes zu bieten: Frust, Einsamkeit, Enttäuschungen, zerrüttete Familienverhältnis.

Mit ihrer Freundin Nadine (und anderen jungen Leuten) fühlt sie sich ziemlich allein gelassen mit vielen quälenden Fragen.

Doch dann trifft sie einen, der Antworten hat.

Wird sich die Tür zur Hoffnung öffnen? Gibt es echte Liebe und Geborgenheit jenseits von Eden?

Leseprobe auf den folgenden Seiten

Doch dann kam Sina zur Besinnung. Langsam ließ sie das Telefon sinken. Was tat sie da? Eine Woche lang hatte er sich nicht gerührt, und sie brachte es nicht mal fertig, ihn ein paar Stunden warten zu lassen. Eigentlich wollte sie ihn doch gar nicht mehr. Sie wollte Robin, jetzt, in dieser Sekunde, wurde ihr dies so klar wie nie zuvor. Was war nur an Lars, dass es sie trotzdem so unwiderstehlich zu ihm hinzog? Dass sie schwach wurde, wenn sie bloß an ihn dachte, und ihm alles verzieh?

Denn so konnte er nicht mit ihr umgehen. Erst große Versprechungen machen und danach nichts mehr von sich hören lassen. Es war genauso verletzend, als wenn jemand Liebe und Zärtlichkeit geradezu herausforderte und sie dann von sich stieß. Ja, genau das hatte Robin getan. Lars, dass der egoistisch und rücksichtslos war, das hatte sie sich vorstellen können. Aber zu Robin passte es nicht. Nicht zu ihm, nicht zu seinem Glauben, nicht zu seinem Gott …

Als Sina merkte, dass sie nur noch dastand und grübelte, legte sie das Telefon zurück. Sie ging in die Küche, aß achtlos ihren Teller leer, räumte auf und stellte den Geschirrspüler an.

Sie würde Lars nicht anrufen. Wenn er sich noch mal meldete und sie auch erreichte, dann war das etwas anderes. Wie sie darauf reagieren würde, wusste sie jetzt noch nicht. Von sich aus jedoch würde sie nichts tun. Sie wünschte, sie hätte die Energie, den Notizzettel mit Lars' Telefonnummer wegzuwerfen. Aber das brachte sie nicht fertig. Sie faltete ihn zusammen und steckte ihn in ihr Adressbuch.

Dieses Haus! Wie oft hatte er davor gestanden! Ständig war er durch die Tür gegangen. Erst hin und wieder, nachher immer öfter und jetzt fast täglich.

»Komm morgen vorbei, dann kriegst du das Geld.«

»Komm in zwei Stunden, wir ziehen wieder los.«

Und er war gekommen, jedes Mal war er gekommen, auch wenn Ängste, Ratlosigkeit und Schuldbewusstsein immer größer geworden waren. Aber nun wollte er nicht mehr. Nun wollte er klarmachen, dass es vorbei war. Eigentlich hatte es keinen Sinn, diesen Bittgang zu wagen. Er wusste selbst, es war zu spät, er konnte sich nicht davonmachen. Sie würden ihn nicht gehen lassen. Aber versuchen, es wenigstens versuchen. Was sollte er auch sonst tun? Welche Möglichkeit blieb ihm noch?

Die Haustür war nur angelehnt, Jan stieß sie auf, stieg die uralten, knarrenden Treppen hoch. Sein Herz klopfte ihm bis zum Hals, am liebsten hätte er kehrtgemacht. Wie würde er sich verhalten, der sich in der Regel nur der Boss nannte, obwohl er einen ganz normalen Vornamen besaß? Freundlich und herablassend, wie er Jan meist behandelt hatte? Das wohl kaum. Eher spöttisch und eiskalt. Vielleicht aber auch gemein und brutal, so, wie er oft mit seinen Opfern umgegangen war …

Jan atmete tief durch. Würde er jetzt vielleicht selbst Opfer werden, er, der bisher zu den Tätern gehört hatte?

Die Wohnungstür! Dunkel, schmutzig, in der unteren Ecke der Totenkopf eingekratzt, das Zeichen des Bosses. Jan schluckte. Seine Hand zitterte. Noch hatte er nicht geläutet. Noch konnte er zurück. ›Umkehren, bloß umkehren!‹ beschwörte ihn eine Stimme in seinem Innern. Wild schüttelte er den Kopf. Er besaß so oder so keine Chance. Jetzt hatte er es bis hierher geschafft, jetzt wollte er es auch durchstehen. Entschlossen drückte er den Klingelknopf.

Nichts rührte sich. Sollte er noch mal …? Da hörte er Schritte, das Rasseln der Innenkette, einen Spaltbreit ging die Tür auf. »Wer ist da?« Eine Mädchenstimme. Jan erkannte sie gleich, es war die Schwester vom Boss.

»Ich bin es«, stammelte er, »ich will zu deinem Bruder. Ich muss ihm … Ist er da?«

Sie öffnete jetzt ganz die Tür, zog ihn in die Wohnung, ließ die Wohnungstür hinter ihm ins Schloss fallen. »Du! Was willst du hier?« stieß sie hervor. »Weißt du denn nicht, dass … Mach bloß, dass du wegkommst, du Zwerg, sonst kriegen sie dich auch noch.«

»Wer kriegt mich? Was soll ich wissen? Was ist passiert?«

»Sie haben Sven verhaftet«, erzählte sie nun ganz sachlich. »Heute Morgen, als er zur Arbeit wollte. Ich wusste ja nie was Genaues, aber wenn das alles stimmt, was die rausgekriegt haben … Und meine Mutter musste mit. Sie haben ihr einfach nicht geglaubt, dass sie Null Ahnung gehabt hat, obwohl das genau so war. Wie soll sie denn auch was mitgekriegt haben? Sie hat geschuftet von morgens bis abends, damit ihr Goldsohn sich alles kaufen konnte, wozu er selbst kein Geld gehabt hat. Nichts wusste sie. Aus allen Wolken ist sie gefallen, als die ihr sagten, was er in Wirklichkeit getrieben hat. So, …